アガルートの
司法試験・予備試験
総合講義1問1答

倒産法

アガルートアカデミー 編　谷山　政司 著

AGAROOT
ACADEMY

はしがき

　本書は，司法試験の主に論文式試験で問われる知識を1問1答形式で整理したものである。初学者であれば，基本書等を読み進めて理解した後で，その知識を復習するための副教材として使用することを，中上級者であれば，一通りインプットを済ませた後で，知識を網羅的に点検し，定着させるものとして使用することを想定している。

　論文式試験で問われる知識を整理・確認する書籍としては，論証として整理をしている論証集や，問題とその解説あるいは解答例という形式で提供する演習書が存在する。しかし，論証集には，問題形式になっておらず人によっては覚えにくく取り組みにくいという側面があり，演習書には，問題文が長文になりがちで知識を再確認するには使いにくいという側面がある。

　そのため，シンプルに論文で問われる知識をおさらいできる問題集はないかと模索した結果，1問1答形式の問題集に至った。作成当時は，アガルートアカデミーで個別指導を受講している受講生向けに，復習用教材として使用していたのであるが，その評判が上々であり，学習の成果も確認することができたため，これを書籍として刊行することにした次第である。

　本書は，知識の解説をしたものではなく，また，具体的事例問題を掲載したものでもない。司法試験の合格に必須の知識を定着させるための問題集である。すらすらと書けるようになるまで，繰り返し解き続けてほしい。

　本書の前身である問題集は，既にアガルートアカデミーの受講生が利用しており，多くの合格者を輩出している。読者諸賢にとっても，この問題集が，正確な知識の定着の一助となり，司法試験・予備試験の合格を勝ち取ることを切に願う。

2020年12月吉日

アガルートアカデミー

著者はしがき

　本書は，司法試験・予備試験論文式試験における選択科目の一つである倒産法について必要な知識を１問１答形式で整理したものである。他の法律基本科目の１問１答同様，初学者であれば，基本書等を読み進めて理解した上で，その知識を復習するための副教材として使用することを，中上級者であれば，一通りインプットを済ませた後で，試験で問われる知識を網羅的に点検し，定着させるものとして使用することを想定している。

　一般的に，倒産法は，他の選択科目に比して，「勉強量が多く求められる科目」と言われている。本書は，そのような倒産法にまつわる「イメージ」，少なくとも「試験としての倒産法」に対するイメージの払拭を試みるものである。確かに代表的な倒産法の基本書を手に取ると，他の選択科目の基本書に比して分厚いものが多い。しかしながら，「試験としての倒産法」という観点から眺めてみると，実は試験において問われている事項は極めて限定されており，他の選択科目で求められる知識量と同等，若しくはそれより少ない知識量で対応が可能であると断言できる。試験としての倒産法は「民法・民事訴訟法・民事執行法・民事保全法（以下，『民事一般法』という。）の基本的知識を把握していることを前提に，まずは民事一般法下における権利関係を分析した上で，それが『倒産』という特殊状態に陥った場合にどのような変容を遂げるのかについて，倒産法上の条文を検索し解答をすること」が求められている。そうである以上，民事一般法の学習が終了していれば「試験としての倒産法」の勉強は実は半分終わってしまっているのである。著者は「試験としての倒産法」を「0.5科目」と呼んでいるが，それは上記のような理由に由来する。

　そのため，本書は，倒産法の代表的な基本書に書かれている全ての知識について確認するツールでは決してない。あくまでも，「試験としての倒産法」の視点から，これだけ押さえておけば必要にして十分であるという事項に限定をかけている。具体的には，本書は①本編②手続条文編③実践編から構成される。①本編は，倒産法上の概念や，定義，条文内容，判例知識で，試験に必要な知識に絞った１問１答方式となっており，初学者の復習及び中上級者の知識確認ツールとして使用していただく意図がある。②手続条文編は，倒産法の主要な手続についての条文を１問１答方式で問うものであり，条文の検索能力を高めてもらう意図がある。最後に③実践編は，「１問１答」という形式から若干はみ出したきらいはあるが，実際の司法試

験過去問を2問用いて，思考方法を解説し，参考答案を付している。①及び②が完成すれば，合格答案作成までのゴールはすぐそこにあることを実感していただく意図があるため，何卒ご容赦いただきたい。

　本書と，過去問を行き来していただければ，倒産法がいかに少ない知識量で対応することができる科目か，そして，倒産法がいかに楽しい科目かを実感できるものと考えている。読者諸賢にとっても，この問題集が，正確な知識の定着の一助となり，司法試験・予備試験の合格を勝ち取る足がかりとなることを切に願う。

2020年12月吉日

アガルートアカデミー専任講師

谷山　政司

目　次

倒産法

本書の使い方

問題ランク
Aは学習初期から必ず押さえてほしい基本的な問題を，
Bはそれ以上のレベルの問題を表します。
1周目は**A**だけを，2周目は**B**を中心に問題を解いて
いくと学習を効率的に進められます。

【左側：問題】

チェックボックス
解き終わったらチェックし
て日付を記入しましょう。

問題文
基本・重要論点を順序立て
て端的に問う内容となって
います。

通し番号
単元ごとの通し番号です。
「今日は何番まで」等，目
標設定にお役立てください。

アガルートの総合講義1問1答

第5章　相殺

□ ／　1.　**A**　相殺の担保的機能について説明しなさい。
□ ／
□ ／

□ ／　2.　**A**　破産手続における相殺の原則的規定について説明しな
□ ／　　　　さい。
□ ／

□ ／　3.　**B**　いわゆる三者間相殺（破産者に対して債務を負担する
□ ／　　　　者が，他人の破産債権を自働債権としてする相殺）が認
□ ／　　　　められるかについて説明しなさい。

□ ／　4.　**A**　破産管財人が破産財団所属の債権を自働債権とし，破
□ ／　　　　産債権を受働債権とすることは認められるかについて説
□ ／　　　　明しなさい。

□ ／　5.　**A**　破産債権と自由財産所属債権との相殺が認められるか
□ ／　　　　について説明しなさい。
□ ／

□ ／　6.　**A**　財団債権と破産財団所属債権との相殺が認められるか
□ ／　　　　について説明しなさい。
□ ／

78　問　題

キーワードを赤文字化
答案で実際に書くことを想定して，特に覚えておきたいキーワードなどを赤文字にし，赤シートで隠してチェックすることができます。

【右側：解答】

第5章　相殺

1. 互いに相殺が可能な債権債務を持ち合っている場合，相手方が任意に弁済しないとしても，相殺の意思表示をすれば，自らの債務を対当額において免れることができる，換言すれば，相殺適状にあれば，強制執行などの手間と費用をかけずに債権を回収したのと同じ状態を作ることができる。

2. 破産債権者は，破産手続開始の時において破産者に対して債務を負担するときは，破産手続によらないで，相殺をすることができる（破67条1項）。
   破産債権者の有する債権が破産手続開始の時において期限付若しくは解除条件付であるとき，又は第103条第2項第1号に掲げるものであるときでも，破産債権者が前項の規定により相殺することを妨げない。破産債権者の負担する債務が期限付若しくは条件付であるとき，又は将来の請求権に関するものであるときも，同様とする（破67条2項）。

3. 判例（最判平28.7.8）は，民事再生の事案ではあるが，上記のような三者間相殺の合意が予め当事者間でされていた事案において，①民事再生法92条1項（破産法では67条1項）は民法505条1項本文の規定する「2人が互いに債務を負担する」との要件を採用していると読めること，②それゆえ，上記のような三者間相殺は認められず，再生債権者間の公平・平等な扱いという再生手続の基本原則を没却するものであること，③このことは予めそのような相殺の合意が当事者間でされていたとしても同様であるなどとして，上記のような三者間相殺を否定している。

4. 原則として認められないが，①破産債権者の一般の利益に適合すること，②裁判所の許可を得ることを要件に，破産管財人による相殺権の行使が認められる（破102条）。

5. 破産債権者からの相殺は，固定主義（破34条1項），個別的権利行使禁止（破100条）の趣旨から自由財産に強制執行できないのと同様に，破産手続中は許されない。
   破産者からの相殺は，自由財産の処分であり，破産手続による制限を受けない。

6. 財団債権は，破産手続によらないで弁済を受ける権利であるから，財団債権者及び破産管財人のいずれからも，民法の一般原則によって相殺できると解されている。ただし，財団不足の場合は制限あり（破152条準用）。

インデックス
現在学習中の部分が一目瞭然です。

（インデックス：6　破産者に対する権利）

判例
重要判例については，判例年月日を記載しています。「最判平28.7.8」は，「最高裁判所判決平成28年7月8日」を表します。

解答
論文式試験で記載することになる知識をまとめた内容になっています。

倒　産　法

第1編　倒産法の目的

第1章　倒産法制の必要性

☐ ／ ☐ ／ ☐ ／　　**1.**　**A**　倒産法の目的について説明しなさい。

☐ ／ ☐ ／ ☐ ／　　**2.**　**A**　破産法1条について説明しなさい。

☐ ／ ☐ ／ ☐ ／　　**3.**　**A**　民事再生法1条について説明しなさい。

☐ ／ ☐ ／ ☐ ／　　**4.**　**A**　清算型手続について説明しなさい。

☐ ／ ☐ ／ ☐ ／　　**5.**　**B**　清算型手続の代表例を2つ説明しなさい。

☐ ／ ☐ ／ ☐ ／　　**6.**　**A**　再生型手続について説明しなさい。

☐ ／ ☐ ／ ☐ ／　　**7.**　**B**　再生型手続の代表例を2つ説明しなさい。

第1編　倒産法の目的

第1章　倒産法制の必要性

1.
①総債権者の公平な満足
②債務者の経済的再起再生

2.
　この法律は，支払不能又は債務超過にある債務者の財産等の清算に関する手続を定めること等により，債権者その他の利害関係人の利害及び債務者と債権者との間の権利関係を適切に調整し，もって債務者の財産等の適正かつ公平な清算を図るとともに，債務者について経済生活の再生の機会の確保を図ることを目的とする。

3.
　この法律は，経済的に窮境にある債務者について，その債権者の多数の同意を得，かつ，裁判所の認可を受けた再生計画を定めること等により，当該債務者とその債権者との間の民事上の権利関係を適切に調整し，もって当該債務者の事業又は経済生活の再生を図ることを目的とする。

4.
　倒産者の財産を全て換価し，それを債権者に配分する。

5.
①破産法（自然人及び法人を対象）
②会社法上の特別清算（株式会社のみを対象）

6.
　倒産者が行っている事業が創出する価値に着目し，それを債権者に公平に配分する。

7.
①民事再生法（自然人及び法人を対象）
②会社更生法（株式会社のみを対象）

第2章　破産手続の概要

□　／
□　／　　1.　**A**　　破産手続の概要について説明しなさい。
□　／

第2編　破産手続の開始

第1章　破産能力

□　／
□　／　　1.　**B**　　破産能力について説明しなさい。
□　／

□　／
□　／　　2.　**B**　　破産能力が認められる対象について条文を指摘しつつ
□　／　　　　　　　　説明しなさい。

□　／
□　／　　3.　**B**　　民法上の組合に破産能力が認められるかについて説明
□　／　　　　　　　　しなさい。

□　／
□　／　　4.　**B**　　財産区に破産能力が認められるかについて説明しなさ
□　／　　　　　　　　い。

第2章　破産手続の概要

1.　破産手続は，①破産手続の開始②財産管理・財産換価③破産債権の届出・調査・確定④配当⑤破産手続の終了⑥免責手続に大別される。
（前提として，破産者を中心とした実体法上の権利関係が存在する。）
　　　⇩
　破産手続が裁判所によって開始される。もっとも，これと同時に，免責手続が開始されることがある。
　　　⇩
　破産管財人が，破産者には破産債権者に対して配ることができる財産がどれだけあるかを精査し，その財産を債権者に配れる形（金銭）にする。そして，これと同時並行的に，届出・調査・確定手続を経て，破産債権者がどのくらいの数いて，その債権額は各々いくらなのかを確定していく。
　　　⇩
　実際に破産債権者に対していつ，どのくらいの額を配るのかを決める。
　　　⇩
　破産手続を終了させ，破産者などの法的な状態を破産手続開始前に戻す。免責手続があれば，許可不許可の決定がなされる。

第2編　破産手続の開始

第1章　破産能力

1.　破産手続開始決定を受け得る資格。

2.　破産法13条により，民事訴訟の当事者能力に関する規定に従って，個人・法人・法人でない社団等に破産能力が認められる（民事訴訟法28条，29条）。また，破産法上，相続財産・信託財産にも破産能力が認められている（破222条以下，244条の2以下）。法人については，公益的な公法人であっても，清算の必要性が認められる限りにおいて，破産能力が認められるとされている。

3.　民法が破産を予定していること（民法685条以下），清算人の職務権限については法人清算人の職務権限規定が準用されること（民法688条1項，破78条）などを理由に，破産能力を認める見解が有力説である。

4.　判例（大決昭12.10.23）は，公法人であることを理由に財産区の破産能力を否定している。

第2章　破産手続開始原因

☐ ／
☐ ／
☐ ／
1. **A** 個人たる債務者についての破産手続開始原因を条文を指摘しつつ説明しなさい。

☐ ／
☐ ／
☐ ／
2. **A** 法人たる債務者についての破産手続開始原因を条文を指摘しつつ説明しなさい。

☐ ／
☐ ／
☐ ／
3. **A** 支払不能について説明しなさい。

☐ ／
☐ ／
☐ ／
4. **A** 不法行為に基づく損害賠償請求権が多数あり，その格別の債権額や合計の債権額の詳細が不明な場合に，支払不能を認め得るかについて説明しなさい。

☐ ／
☐ ／
☐ ／
5. **A** いまだ弁済期には至っていないが，弁済期は間近であり，弁済期が訪れたならば確実に支払不能になる場合であっても，なお弁済期が未到来の間は支払不能ではないと考えるべきかについて説明しなさい。

第2章　破産手続開始原因

1.　　破産手続開始申立てがあり，支払不能が認められると，破産手続開始決定がされる（破15条1項）。

2.　　法人たる債務者については，破産手続開始原因は支払不能又は債務超過である（破16条1項）。

3.　　支払不能とは，「債務者が，支払能力を欠くために，その債務のうち弁済期にあるものにつき，一般的かつ継続的に弁済することができない状態」をいう（破2条11項）。

　　※支払能力とは，資金を調達し弁済をするための資源のことをいい，債務者について，その財産・労務・信用の各面を総合的に考慮して（東京高決昭33.7.5参照），支払能力の欠如を判定する。支払不能は客観的な状態であるから，表面上弁済していても，返済見込みのない借入れによって弁済しているに過ぎない場合は，客観的弁済能力が欠けるものと考えられている（東京地判平22.7.8参照）。

　　※一般的とは，総債務の弁済に対して，債務者の資力の欠如していることをいい，特定の債務について債務不履行があったとしても，それだけでは支払不能とは判定されない。

　　※継続的とは，一時的な支払中止や手元不如意（たまたま手元にない状態）を除くという意味である。

4.　　裁判例（東京地決平3.10.29）は，ゴルフ会員権販売会社が，プレー会員権を乱売して，会員に不法行為に基づく損害賠償請求権が発生していると目される場面で，間接事実に基づいて，債権総額が不明であるものの，ゴルフ会員権販売会社が支払不能に陥っていることを認めている。

5.　　裁判例（東京地判平19.3.29）は，支払不能か否かは，現実に弁済期の到来した債務について判断すべきであり，弁済期未到来の債務を将来弁済することができないことが確実に予想されたとしても，弁済期の到来した債務を現在支払っている限り，支払不能ということはできないと判示している。

　　もっとも，裁判例（高松高判平26.5.23）は，債務者が弁済期の到来している債務を現在支払っている場合であっても，少なくとも債務者が無理算段をしているような場合（全く返済の見込みの立たない借入れや商品の投げ売り等によって資金を調達して延命を図っているような状態にある場合）には，糊塗された支払能力に基づいて一時的に支払をしたに過ぎないのであるから，客観的には債務者において支払能力を欠くと判示している。

☐ ／
☐ ／
☐ ／　　6.　**A**　支払停止について説明しなさい。

☐ ／
☐ ／
☐ ／　　7.　**A**　手形の不渡りが支払停止となるかについて説明しなさい。

☐ ／
☐ ／
☐ ／　　8.　**A**　給与所得者である債務者が代理人である弁護士を通じ，債権者一般に対して債務整理開始通知を送付した行為が支払停止となるかについて説明しなさい。

☐ ／
☐ ／
☐ ／　　9.　**A**　支払猶予が支払停止となるかについて説明しなさい。

☐ ／
☐ ／
☐ ／　　10.　**A**　債務者が弁護士との間で破産申立ての方針を決定した行為が支払停止となるかについて説明しなさい。

☐ ／
☐ ／
☐ ／　　11.　**B**　支払不能の状態にあることを直接認定する場合であっても，支払停止状態を認定する必要があるかについて説明しなさい。

☐ ／
☐ ／
☐ ／　　12.　**B**　支払停止状態は，裁判時まで継続していなければならないかについて説明しなさい。

6. 　支払停止とは，弁済能力の欠乏のために弁済期の到来した債務を一般的かつ継続的に弁済することができない旨を外部に表示する債務者の行為をいう。支払停止があると，債務者の支払不能が推定される（破15条2項）。

　　※特定の債権者の請求に対し，支払に応じないことを表明しても支払停止とはいえない。また，一時に多数の債務を請求されたり，一個の巨額な債務を請求されて支払をすることができない旨を表示するのでなければ支払停止とはいえない。一方，債務者が一般的に支払することができないと表示したときは，その後多少の支払をしても支払停止とされる。

7. 　支払停止となる。なお，通常は銀行停止処分を招く2回目の不渡りをもって支払停止とするが，不渡り前後の事情等を考慮して1回目の不渡りで支払停止とされることもある。

8. 　支払停止となる（最判平24.10.19）。

　　ただし，一定規模以上の企業，特に多額の債務を負い経営難に陥ったが，有用な経営資源があるなどの理由により再建計画が策定され窮境の解消が図られるような債務整理の場合においては，当該再建計画が合理的で実現可能性が高く，金融機関等との間で合意に達する蓋然性があるものであり，これに基づく弁済が予定されるため，支払の停止の判断には慎重になるべきとされる（須藤裁判官補足意見）。

9. 　支払猶予については，一般的に支払停止に当たるものとされている。もっとも，裁判例（東京地決平23.11.24）は，支払猶予等を求める行為であっても，合理性のある再建方針や再建計画が主要な債権者に示され，これが債権者に受け入れられる蓋然性があると認められる場合には，支払停止ということができないとしている。

10. 　支払停止とならない（最判昭60.2.14）。

　　∵債務の支払をすることができない旨を「外部」に表示する行為とはいえない。

11. 　不要である（東京高決昭33.7.5）。

　　∵支払停止は支払不能の推定事実に過ぎない。

12. 　裁判時まで継続している必要はない。

　　∵支払停止は，破産手続開始前の債務者の主観的行為（福岡高決昭52.10.12）であり，支払不能を推定し，立証の軽減を図るものである。

□ /	13.	**A**	債務超過について説明しなさい。
□ /			
□ /			

□ /	14.	**A**	債務超過の判断に当たり，保証人の資力を考慮してよいかについて説明しなさい。
□ /			
□ /			

□ /	15.	**B**	破産手続開始申立てと民事再生手続開始申立てが競合した場合の処理について，条文を指摘しつつ説明しなさい。
□ /			
□ /			

□ /	16.	**B**	破産手続開始手続中に，再生手続開始決定がされた場合の処理について，条文を指摘しつつ説明しなさい。
□ /			
□ /			

□ /	17.	**B**	既に破産手続が開始されていた場合に再生手続申立てがあった場合の処理について，条文を指摘しつつ説明しなさい。
□ /			
□ /			

□ /	18.	**B**	既に破産手続が開始されていた場合に再生手続開始決定があった場合の処理について，条文を指摘しつつ説明しなさい。
□ /			
□ /			

第3章　破産手続開始申立て

□ /	1.	**B**	破産手続の申立権者について条文を指摘しつつ説明しなさい。
□ /			
□ /			

13. 債務超過とは，「債務者が，その債務につき，その財産をもって完済することができない状態をいう」（破16条1項かっこ書）。
　※債務の額には，弁済期未到来の債務の額も含む。支払不能と異なり，労務や信用については考慮しない。
　※資産の評価については，事業活動の継続中は，事業継続価値を基準とし，既に事業が停止してしまっている場合は清算価値を基準とすると考えるべきとされている。

14. 法人の破産原因としての債務超過の事実を確定するに際しては，その法人の財産をもって債務を完済することができるか否かを判断すれば足りる（東京高決昭56.9.7）。

15. 必要がある場合には破産手続の中止命令が発せられる（民再26条1項1号）。

16. 破産手続開始手続は当然に中止される（民再39条1項）。また，新たな破産手続開始申立てもできなくなる（同条）。
　再生計画認可前に廃止などのために再生手続が終了すると，破産手続開始手続は続行することになる。再生計画認可決定の確定後に再生手続が廃止されることもある（民再194条）。この場合は職権で破産手続開始決定がなされ得る（民再250条1項）。

17. 裁判所は破産手続の中止を命じることができる（民再26条1項1号）。

18. 破産手続は中止される（民再39条1項）。

第3章　破産手続開始申立て

1. 債権者及び債務者に申立権が認められている（破18条）。ただし，特別規定として，破産者の類型ごとに破産法19条，224条，244条の4が，特殊な申立権を認めている。

□ ___/___
□ ___/___ 　2.　**A**　別除権者に破産手続の申立権が認められるかについて
□ ___/___ 　　　　説明しなさい。

□ ___/___
□ ___/___ 　3.　**A**　財団債権者に破産手続の申立権が認められるかについ
□ ___/___ 　　　　て説明しなさい。

□ ___/___
□ ___/___ 　4.　**A**　債権質の設定者に破産手続の申立権が認められるかに
□ ___/___ 　　　　ついて説明しなさい。

□ ___/___
□ ___/___ 　5.　**B**　企業別労働組合と会社間で，事前の協議なくして会社
□ ___/___ 　　　　が破産手続などを申し立てない，ということを約束して
　　　　　　　　　　いたにもかかわらず，これに反して破産手続開始申立て
　　　　　　　　　　がされた場合の申立ての効力について説明しなさい。

□ ___/___
□ ___/___ 　6.　**B**　破産手続開始の申立て手続について条文を指摘しつつ
□ ___/___ 　　　　説明しなさい。

□ ___/___
□ ___/___ 　7.　**B**　破産手続開始決定前の財産保全処分について条文を指
□ ___/___ 　　　　摘しつつ説明しなさい。

□ ___/___
□ ___/___ 　8.　**B**　弁済禁止保全処分がなされた場合に債権者が給付訴訟
□ ___/___ 　　　　を申し立てることができるかについて説明しなさい。

2. 認められる（通説）。
   ∵別除権者は不足額があればその部分については一般破産債権として割合弁済を受ける利益があるし，不足額がなくても，破産手続進行中に別除権の放棄がされて担保権で担保されない破産債権が生じる可能性もある。

3. 認められない（通説）。
   ∵破産手続によって他の破産債権者となるべき債権者や破産者となるべき債務者について重大な利害関係が生じる一方，財団債権者となる債権者は自己の債権を弁済される（破151条）ため，不利益が大きくない。

4. 判例（最決平11.4.16）は，質権者が専ら取立権を有し（民法366条1項），設定者は取立権を有しないことから（破100条1項），質権者の同意がある等の特段の事情がない限り，申立権を否定する。

5. 裁判例（東京高決昭57.11.30）は，破産手続は総債権者の利益のための手続であるから，一部の債権者の利益のためにその申立てを制限されるとするのは相当でない，として申立てを有効とした。

6. 破産手続開始の申立ては，管轄ある破産裁判所に対して書面でする必要がある（破20条1項，規13〜15条）。破産債権者が破産手続開始を申し立てるためには，自己の債権の存在及び破産手続開始原因の疎明が求められる（破18条2項）。また，申立人は手続費用の予納をする必要がある（破22条）。
   破産手続開始申立ての取下げは破産手続開始の決定前に限られる（破29条前段）。もっとも，既に利害関係人に影響を与えるような処分がされているのであれば，取下げには裁判所の許可が必要となる（破29条後段）。

7. 裁判所は，利害関係人の申立てにより，債務者の財産に関して処分禁止の仮処分などの必要な保全処分を命ずることができる（破28条1項）。代表的なものは弁済禁止保全処分である。弁済禁止保全処分に違反した場合，悪意の債権者に対する弁済は，破産手続との関係では無効である（破28条6項）。

8. 債権者から給付訴訟を申し立てることなどは禁止されない（最判昭37.3.23）。しかし，弁済されないことについて債務者の責めに帰すべき理由があることを前提として履行遅滞を主張することはできない（最判昭57.3.30参照）。

2
破産手続の開始

□ /	9.	**A**	強制執行等による中止命令について，条文を指摘しつつ説明しなさい。	

| □ / | 10. | **B** | 強制執行等による中止命令が財団債権にも及ぶかについて説明しなさい。 | |

| □ / | 11. | **B** | 強制執行等による中止命令が別除権にも及ぶかについて説明しなさい。 | |

| □ / | 12. | **A** | 包括的禁止命令について条文を指摘しつつ説明しなさい。 | |

| □ / | 13. | **B** | 保全管理命令について条文を指摘しつつ説明しなさい。 | |

| □ / | 14. | **B** | 否認権のための第三者の財産に対する仮処分について条文を指摘しつつ説明しなさい。 | |

9. 　裁判所は，破産手続開始の申立てがあった場合において，必要があると認めるときは，利害関係人の申立てにより又は職権で，破産手続開始の申立てにつき決定があるまでの間，強制執行等の手続の中止を命ずることができる（破24条1項本文）。

　　※「必要があると認めるとき」とは，破産等の手続の進行により，開始決定までに破産者たる債務者の財産が散逸減少し，又は債権者間の平等が保たれず，破産手続の目的が達せられなくなるおそれが高い場合をいう。

10. 　及ぶ。

　　∵財団債権であっても，財団不足の場合は割合弁済となることも予定されている（破152条1項）し，財団債権に基づく個別執行等を否定する必要性が高い。

11. 　及ばない。

　　∵破産手続が開始されれば別除権となるべき担保権については破産手続によらずに権利を実行することができる（破65条1項）。

12. 　裁判所は，破産手続開始の申立てがあった場合において，個別の強制執行等の中止の命令によっては破産手続の目的を十分に達成することができないおそれがあると認めるべき特別の事情があるときは，利害関係人の申立てにより又は職権で，破産手続開始の申立てにつき決定があるまでの間，全ての債権者に対し，債務者の財産に対する強制執行等及び国税滞納処分の禁止を命ずることができる（破25条1項）。ただし，包括的禁止命令が発令されるのは，債務者の主要な財産に対する財産保全処分（破28条1項）又は保全管理命令（破91条2項）が発令されている場合に限られる（破25条1項ただし書）。

　　包括的禁止命令が執行債権者に不当な損害を及ぼすおそれがあると認めるときは，当該債権者の申立てにより，当該債権者に限り包括的禁止命令を解除する決定をすることができる（破27条1項）。

　　※「不当な損害を及ぼすおそれ」とは，中止等によって倒産債務者が受ける利益に比して中止等によって倒産債権者が被る損害が異常に大きい場合をいう。

13. 　債務者の財産の管理が失当であるなど特に必要があると認めるときは，破産手続開始申立てにつき決定があるまでの間，保全管理人による管理を命ずることができる（破91条1項）。破産手続申立後，開始決定前における破産財団の棄損の防止，利害関係人の権利保全を図る趣旨である。

14. 　裁判所は，破産手続開始申立てから申立てについての決定があるまでの間において，否認権を保全するために必要があると認めるときは，債権者などの利害関係人の申立てに基づいて，又は職権によって仮差押えや仮処分などの保全処分を命じることができる（破171条1項）。否認権の実効性を確保するために，否認権発生前から財産の保全を認める趣旨である。

第4章　破産手続開始決定

□　／
□　／　　**1.**　**A**　　破産手続開始決定の要件について，条文を指摘しつつ
□　／　　　　　　　　説明しなさい。

□　／
□　／　　**2.**　**B**　　債務超過である市街地再開発組合に対する破産手続開
□　／　　　　　　　　始申立てについて，都市計画法に基づく是正処理案に基
　　　　　　　　　　づき清算が進行中であって，全債権者がこれに同意して
　　　　　　　　　　いる場合に破産手続開始申立てができるかについて説明
　　　　　　　　　　しなさい。

□　／
□　／　　**3.**　**A**　　一度再生計画不認可決定が確定した後，再度された再
□　／　　　　　　　　生手続開始の申立てが「不当な目的で再生手続開始の申
　　　　　　　　　　立てがされたとき，その他申立てが誠実にされたもので
　　　　　　　　　　ないとき」（民再25条4号）に当たるかについて説明しな
　　　　　　　　　　さい。

□　／
□　／　　**4.**　**B**　　総債権額の過半数を超えることが認められる債権者が
□　／　　　　　　　　再生手続自体に反対することが確実な場合の再生手続開
　　　　　　　　　　始申立ての可否について説明しなさい。

□　／
□　／　　**5.**　**A**　　民事再生法25条4号の「不当な目的で再生手続開始の
□　／　　　　　　　　申立てがされたとき，その他申立てが誠実にされたもの
　　　　　　　　　　でないとき。」について説明しなさい。

第4章　破産手続開始決定

1. 　破産手続開始申立てが適法になされ，破産手続開始原因が存在する場合であって，破産障害事由がない場合には，裁判所が破産手続開始の裁判を決定の方式で行う（破30条1項）。

2. 　裁判例（広島高決平14.9.20）は，破産開始の必要性は乏しいため，当該申立ては申立権の濫用であるとする。

3. 　裁判例（東京高決平17.1.13）は再生計画不認可決定があったとしても，その後債権者との協議を経て裁判所の認可を受けられる再生計画を作成することも実際上あり得ること，再度の申立てを禁止する明文の規定が存在しないことなどを理由として，一度再生計画不認可決定が確定したことを再度の再生手続開始申立て時に棄却事由として扱う必要はないと解している。

4. 　裁判例（東京高決平13.3.8）は，再生計画案が可決される見込みがないことが明らか（民再25条3号）であるとして，再生手続開始申立てを棄却している。

5. 　申立てが本来の目的から逸脱した濫用的な目的で行われた場合（東京高決平24.3.9）。

□ ___/___
□ ___/___   6. **A**　破産手続開始の中心的な効果について，条文を指摘し
□ ___/___   つつ説明しなさい。

□ ___/___
□ ___/___   7. **A**　破産者の法律行為によらない権利取得（破48条1項）
□ ___/___   について説明しなさい。

□ ___/___
□ ___/___   8. **A**　賃貸人破産後，賃借人からその不動産の転借権を取得
□ ___/___   した場合に，破産法48条1項の適用があるかについて説
             明しなさい。

□ ___/___
□ ___/___   9. **A**　手続開始前の仮登記原因に基づき手続開始後に倒産者
□ ___/___   の協力を得て本登記した場合の処理について説明しなさ
             い。

□ ___/___
□ ___/___   10. **B**　破産手続開始決定の中心的効果以外の効果について条
□ ___/___   文を指摘しつつ説明しなさい。

6. 破産手続開始決定の効果の中心は，破産者の財産管理処分権を破産管財人に専属させること（破78条1項）及び破産債権者の個別的権利行使の禁止（破100条1項）である。具体的には，以下の効果が挙げられる。

①破産者が破産財団に属する財産に関してした法律行為は，破産手続との関係では無効となる（破47条1項）。

②破産財団に属する財産に関し，破産者の行為によらずに権利を取得しても，その権利取得は破産手続との関係では無効となる（破48条1項）。

③破産手続開始前に生じた登記原因に基づき，破産手続開始後にされた登記等は，破産手続の関係においては，その効力を主張することができないが，不動産又は船舶に関する登記，不動産登記法105条1号の規定による仮登記等については，当該登記等の権利者が破産手続開始の事実につき善意であれば，例外的にその効力を主張できる（破49条）。

④破産者に対しては，破産手続開始決定について善意で弁済した場合には，破産手続との関係でも有効となる（破50条1項）。破産手続開始の公告（破32条1項）の前後により，善意又は悪意が推定される（破51条）。

7. 法律の規定又は第三者との間の法律行為による場合をいう。もっとも，破産法48条は，破産者が破産財団に関して管理処分権を有しないことを理由に定められたものであるから，相手方が何人であるかにかかわらない権利取得には適用がない。

8. 判例（最判昭54.1.25）は，不動産に新たな負担ないし制限を課すものではなく，財団の不利益にもならないので，破産法48条1項の適用はないとする。

9. 不動産登記法105条1号仮登記の場合には，手続開始前に権利変動の実体的要件が備わっていること，管財人は差押債権者と基本的に同じ立場であること等から対抗できるとするのが通説・判例である。同条2号仮登記の場合，順位保全の効力の点では変わりがないから，肯定説が有力に主張されている（最判昭42.8.25）。

10. 破産手続開始決定がなされると，破産者に対して説明義務・重要財産開示義務が課される（破40条1項，41条）。

法人に対して破産手続開始決定がされると，それぞれの法人の設立の根拠となる法律の規定により，法人は解散する。株式会社であれば会社法471条5号に基づく。そして，各法律に基づく清算手続ではなく，破産管財人による清算がこれに代わる（株式会社でいうと会社法475条1号かっこ書）。法人は解散するものの，破産法人は破産手続開始後も，破産手続の目的の範囲内で存続する（破35条）。

個人に対して破産手続開始決定がされると，居住制限がなされ（破37条1項），弁護士など各種資格が制限される（弁護士法7条4号）という効果がある。

2
破産手続の開始

□ /	11.	**B**	破産した有限会社の取締役が会社の建物に放火し，建物は焼損した。会社が従前結んでいた火災保険について，契約約款には取締役が放火した場合に保険会社を免責する規定があった。ここで，有限会社が破産した後であっても，破産手続開始までは取締役であった者は，免責条項の取締役に当たるかについて説明しなさい。
□ /	12.	**A**	破産手続開始決定が訴訟手続に及ぼす効果について条文を指摘しつつ説明しなさい。
□ /	13.	**A**	「破産財団に関する訴訟手続」（破44条1項）について説明しなさい。
□ /	14.	**A**	破産会社の役員は，破産手続開始後はどのような地位に置かれるかについて説明しなさい。
□ /	15.	**A**	債権者代位訴訟・詐害行為取消訴訟の相手方が受継の申立て（破45条2項）をした場合，破産管財人は，受継を拒否できるかについて説明しなさい。

11. 　判例（最判平16.6.10）は，免責条項は画一的に定められているから，免責条項にいう取締役については，取締役の地位にある者をいうとしつつ，従前取締役であった者について，有限会社の破産手続開始によっても取締役の地位は当然には失われず，会社組織にかかる行為等については取締役としての権限を行使し得ると解されるから，免責条項の取締役に当たるとした。

12. 　破産財団に関する訴訟手続について，破産者が当事者となっているものは破産手続開始決定があると，中断する（破44条1項）。
　破産財団に属する財産に関する訴訟・財団債権に関する訴訟は，中断した訴訟手続を破産管財人が受継することができる。破産管財人は従前の訴訟の経過次第では受継せずに別訴を提起することもできるが，中断した訴訟の相手方は，受継の申立てをすることができる（破44条2項）。破産管財人はこの受継の申立てがあった場合，受継を拒絶できない。
　破産者は，破産手続開始決定によって破産財団に属する財産の管理処分権を失うため，破産債権者又は財団債権者の提起した債権者代位訴訟・詐害行為取消訴訟が破産手続開始当時係属するとき，当該訴訟は中断する（破45条1項）。

13. 　破産財団に属する財産に関する訴訟・財団債権に関する訴訟・破産債権に関する訴訟。
　※なお，破産債権に関する訴訟は，破産管財人が受継することはできず，破産債権確定手続における債権調査に異議が出なかった場合には終了し（破124条1項参照），債権調査に異議が出た場合に受継することになる（破127条，129条2項）。

14. 　判例（最判平21.4.17）は，委任者の破産が委任契約の終了事由であるとする民法653条2号の規定は，通常の委任契約の対象が財産の管理・処分を目的としていることを前提に置かれた規定であると解釈し，会社と役員との関係は当然には終了しないとしている。したがって，役員の解任又は選任を内容とする株主総会決議の不存在確認訴訟が提起された株式会社について，破産手続開始決定がされた場合であっても，当該訴訟の訴えの利益は消滅しない。

15. 　裁判例（東京地判昭49.9.19）は，破産債権者の利益を代表する破産管財人が，債権者が提起した訴訟に拘束されるのは不合理であるとして，相手方の受継申立てを拒絶できるとする。

	/	16.	**A**	株主が取締役を被告として株主代表訴訟（会社法847条）を提起している場合の破産法45条の適用の有無について説明しなさい。
	/			
	/			

	/	17.	**A**	破産手続開始決定が執行手続に及ぼす効果について，条文を指摘しつつ説明しなさい。
	/			
	/			

	/	18.	**B**	同時破産手続廃止について，条文を指摘しつつ説明しなさい。
	/			
	/			

	/	19.	**A**	破産手続開始申立てに対する裁判については，利害関係人が即時抗告の方法によって不服を申し立てることができる（破33条1項）ところ，会社が破産手続開始決定を受けた場合に，株主が「利害関係人」に該当するかについて説明しなさい。
	/			
	/			

第3編　破産手続の機関と利害関係人

第1章　破産管財人

	/	1.	**A**	破産手続開始によって債務者たる破産者の財産の管理処分権が誰に帰属するかについて，条文を指摘しつつ説明しなさい。
	/			
	/			

	/	2.	**B**	破産管財人の義務について条文を指摘しつつ説明しなさい。
	/			
	/			

16. 　裁判例（東京地決平12.1.27）は，破産法45条1項が債権者代位訴訟につき中断を認めているのは，破産手続開始決定当時に係属している当該訴訟については，当該訴訟物の処分権者である破産管財人に当該訴訟を継続させるかの判断を委ねることが相当であり，また，それが訴訟経済に資するためであるという点を指摘し，この理が株主代表訴訟にもあてはまるとして，破産法45条の準用を認めた。

17. 　破産手続開始決定があった場合には，破産財団に関する強制執行等の個別執行は禁止される（破42条1項）。また，既になされている強制執行等も，破産財団に対してはその効力を失う（破42条2項）が，既に強制執行が終了している時は効力を失わない。なお，強制執行が終了しているか否かは，民事執行法上の手続内容による（最決平30.4.18参照）。別除権，取戻権に基づく執行手続は中断しない（破65条，62条参照）。

　仮差押えの債権者が破産したときは，仮差押えの執行は破産財団に対しては効力を失う（破42条2項）。その後，第三者がする目的物に対する所有権を理由とした仮差押えの執行の排除を求めて提起された第三者異議の訴えは，訴えの利益を欠き，第三者が目的物の返還を求めるには，破産管財人を相手方として取戻権を行使すべきとするのが判例である（最判昭45.1.29）。

18. 　破産財団が破産手続の費用を賄うのに足りないと裁判所が判断した場合，破産手続開始決定と同時に破産手続廃止の決定をしなければならない（破216条1項）。

19. 　裁判例（大阪高決平6.12.26）は，破産終結によって法人格が消滅するのに伴い株主はその地位を喪失することにはなるが，破産手続開始決定によって直ちに株主の権利に変更が生じるわけではないとして，「利害関係人」に当たらないとしている。

第3編　破産手続の機関と利害関係人

第1章　破産管財人

1. 　破産管財人に破産財団に属する財産の管理処分権が帰属し（破78条1項），これにより，破産者は破産財団に属する財産について，管理処分権を失う（破47条1項参照）。

2. 　善管注意義務（破85条1項），従業員等に対する情報提供努力義務（破86条），裁判所に対する計算の報告義務（破88条1項），事件全体の報告義務（破157条1項），管財事務の進捗状況に関わる報告義務（破157条2項）などが挙げられる。

☐ /	3.	**A**		敷金返還請求権の一部に質権を設定した者がのちに破産した後，破産管財人が賃料を払わないことを選択した結果，敷金返還請求権の価格が減少した。この対応が破産管財人の善管注意義務違反に当たる余地があるかについて説明しなさい。

☐ ___/___
☐ ___/___
☐ ___/___

4. **A** 破産手続の申立代理人が破産手続の開始申立てに2年を要したため，債務者により債務者の預金が費消されて破産財団が十分に形成されなかった場合に，申立代理人に責任追及できるかについて説明しなさい。

☐ ___/___
☐ ___/___
☐ ___/___

5. **A** 動産の売主が動産売買の先取特権の物上代位として転売代金債権を仮差押えした後に買主である債務者が破産し，本差押命令が破産管財人に送達される前に破産管財人が当該債権の供託金の払渡しを受けた場合における破産管財人の不法行為責任の有無について説明しなさい。

☐ ___/___
☐ ___/___
☐ ___/___

6. **B** 破産管財人の職務のうち，①破産財団の管理②破産財団の換価③破産財団の配当について関連する条文を挙げなさい。

☐ ___/___
☐ ___/___
☐ ___/___

7. **B** 破産管財人の費用及び報酬について条文を指摘しつつ説明しなさい。

☐ ___/___
☐ ___/___
☐ ___/___

3. 判例（最判平18.12.21）は，質権設定者は質権者に対し当該債権の担保価値を維持するべき義務を負い，破産管財人はその質権設定者の担保価値維持義務を承継するとしている。ただし，破産管財人が本件行為について裁判所の許可を得ていたような場合には，破産管財人の善管注意義務違反については認めていない。

4. 裁判例（東京地判平21.2.13）は，債務者は，破産手続とともに破産財団を構成することになる財産について，破産手続開始の前後を問わず，債権者のために保全することが求められ，偏頗弁済等，債権者の平等を害する行為が禁じられることを前提に，債務者から破産申立てを受任した弁護士は，公益的責務を遂行する者であり，弁護士が適切に依頼者を指導しなければ，債務者が弁護士による事件処理を依頼することができず，倒産法制を設けた趣旨を没却することなどから，弁護士は，可及的速やかに破産申立てを行うことが求められ，破産管財人に引き継がれるまで債務者の財産が散逸することのないように措置する義務（財産散逸防止義務）を負うとして，これに違反した場合は破産管財人に対する不法行為を構成すると判示している。

5. 裁判例（東京地判平3.2.13）は，この場合，物上代位権が消滅するとしたうえで，動産売買先取特権が目的動産に対する追及力を欠いた弱い担保権であること，公示方法も十分でなく他の債権者等の利益を害するおそれも強く，転売代金がすでに回収されているか否かといった偶然の事情により優先権の存否が左右され不公平な結果を招くおそれがあること等から，破産管財人には先取特権を保存すべき法律上の義務はなく，上記払渡しを受けた行為は善管注意義務に違反しないとしている。

6. ①破産財団の管理→破79条，173条，53条，80条等
②破産財団の換価→破184条以下
③破産財団の配当→破193条以下

7. 破産管財人は費用の前払と報酬を受けることができる（破87条1項）。これらの請求権は裁判所の決定に基づいて発生し，財団債権とされる（破148条1項2号）。

3 破産手続の機関と利害関係人

| | / | 8. | **B** | 破産管財人の法律上の地位について説明しなさい。 |

| | / | 9. | **A** | 破産管財人の実体法上の地位について説明しなさい。 |

| | / | 10. | **A** | 破産者甲が乙に対して，甲所有の土地を破産手続開始前に譲渡したが，所有権移転登記が未了のうちに破産手続が開始された場合，譲受人乙は，登記なくして自己の所有権を破産管財人に対抗できるかについて説明しなさい。 |

| | / | 11. | **A** | 後に破産者となった債務者から，破産手続開始決定前に，確定日付の表示なくされた債権譲渡通知書がある場合，譲受人は破産管財人に対抗できるかについて説明しなさい。 |

| | / | 12. | **A** | 破産管財人は民法94条2項で保護される「第三者」となるかについて説明しなさい。 |

8. 　破産財団の管理機構として破産管財人に法人格を認める説（管理機構人格説）が近時の有力説である。
　　この考え方に立つと，破産財団所属財産は破産者に帰属し，破産債権の債務者は破産者であるが，それらについての管理処分権は破産管財人に帰属し，また，財団債権については，管理機構としての破産管財人が債務者となるとされている。否認権や双方未履行契約についての解除権も管理機構としての破産管財人に帰属する。そして，破産管財人は，破産法律関係においても，破産者や破産債権者とは独立の主体とみなされるし，外部者との実体的法律関係においても独立の主体とみなされる。
　　※ただし，このような破産管財人の法的地位から，実体的法律関係が帰結されるわけではないとされている。

9. 　①破産者と同視され，又はその一般承継人とみなされる破産管財人
　　②破産債権者の利益を実現するという役割を担う破産管財人
　　　→破産手続開始決定が破産債権者の利益のために破産管財人に破産財団財産の管理処分権を付与することから，破産管財人には，財団財産に対する差押債権者と類似の法律上の地位が認められることになる。すなわち，実体法が差押債権者の地位を保護している場合には，破産手続開始の効力として，破産者の総財産に差押えがなされたものと同視し，破産管財人には，その時点における差押債権者と同様の地位が認められる。
　　③手続の進行のための特別な地位が法律により付与されるという破産管財人
　　　→破49条1項や，破173条に表れている。

10. 　移転登記が未了のうちに当該土地を差し押さえた甲の債権者は，民法177条の「第三者」に当たり，譲受人乙は登記なくして自己の所有権を対抗できない（通説・判例）。

11. 　対抗要件を具備しない譲受人は，当該債権の差押債権者に債権譲渡を対抗できないから，破産管財人についても債権譲渡を対抗することができない（最判昭58.3.22）。

12. 　破産管財人も民法94条2項の「第三者」たり得る（通説）。
　　∵通謀虚偽表示によって作られた外観を信頼して，通謀虚偽表示の対象となる権利について差押えをした債権者は，同項の第三者に当たる。

☐ ／
☐ ／ 　**13.** **A** 　破産管財人が民法94条２項の「第三者」に当たるとし
☐ ／ 　　　た場合,「善意」として保護を受けるためには, 誰の善意
　　　を目的とするべきかについて説明しなさい。

☐ ／
☐ ／ 　**14.** **A** 　破産管財人は民法96条３項の「第三者」に当たるかに
☐ ／ 　　　ついて説明しなさい。

☐ ／
☐ ／ 　**15.** **A** 　破産者の破産手続開始前に行った給付が不法原因給付
☐ ／ 　　　（民法708条）に該当する場合, 破産管財人が当該給付を
　　　受けた者に対して不当利得返還請求をすることができる
　　　かについて説明しなさい。

☐ ／
☐ ／ 　**16.** **A** 　破産者が破産財団に属する財産について法律行為を行
☐ ／ 　　　ったとしても, 行為の相手方は, 破産債権者に対してそ
　　　の効力を主張することができない（破47条１項）という
　　　場合の,「法律行為」について説明しなさい。

☐ ／
☐ ／ 　**17.** **A** 　破産手続開始決定後に相手方が破産者から動産を譲り
☐ ／ 　　　受けた場合に, 即時取得（民法192条）が成立するかにつ
　　　いて説明しなさい。

☐ ／
☐ ／ 　**18.** **A** 　民事再生手続における再生債務者の法的地位について
☐ ／ 　　　条文を指摘しつつ説明しなさい。

第２章　その他の機関等

☐ ／
☐ ／ 　**1.** **B** 　保全管理人について条文を指摘しつつ説明しなさい。
☐ ／

13. 　全ての破産債権者について，1人でも通謀虚偽表示について善意の破産債権者がいれば，その破産債権者保護のために破産管財人は民法94条2項の善意の第三者に該当する（通説）。
　　　∵破産管財人が破産債権者の利益を代表するという原則から考えると，民法94条2項は破産手続の場面においては全ての破産債権者にとっての，（破産手続開始決定がなければ可能であった）強制執行への期待を保護する規定である。

14. 　当たると考えるのが通説である。
　　　※ただし，詐欺被害者の保護を重視し，「第三者」に当たらないとする考え方も有力である。

15. 　判例（最判平26.10.28）は，破産管財人が給付を受けた者に対して返還を求め，破産手続の中で損失を受けた他の破産債権者への配当を行うなど適正かつ公平な清算を図ることが衡平にかなう場合には，給付を受けた者は破産管財人に対し，本件給付が不法原因給付に当たることを主張することは信義則上許されない場合があるとしている。

16. 　契約や，相殺，免除のみならず，登記・登録，債権譲渡の通知・承諾，債務の承認，あるいは弁済の受領など，権利義務の発生・移転・消滅にかかわる行為全てが含まれる。ただし，自由財産に関する行為や，身分上の法律関係に関する行為は含まれない。

17. 　原則として即時取得は成立しない。
　　　∵破産法47条1項が破産財団を充実させるために相手方の善意悪意を問わずに権利取得を対抗できないとしていることから考えれば，同条項は即時取得を排除する特別規定と考えるべき。
　　　※ただし，相手方が当該動産をさらに転得者に譲渡した場合には，即時取得が成立し得るとされる。

18. 　民事再生手続においては，破産手続とは違い，再生債務者が管理処分権を失わないのが原則である（民再38条1項）。一方で，再生債務者は再生債権者に対して公平誠実に行動する義務を負うことになる（民再38条2項）。
　　　※破産管財人が破産手続の中で第三者として保護される場面では，再生債務者も同様に保護されると考えられている（大阪地判平20.10.31参照）。

第2章　その他の機関等

1. 　保全管理人に債務者の財産の管理権が専属すること（破93条1項本文）は破産管財人と変わりはないが，保全管理人は債務者の常務に属しない行為については，裁判所の許可を得なければ行うことができない（破93条1項ただし書）。

□ /	2.	**B**	債権者集会について条文を指摘しつつ説明しなさい。
□ /			
□ /			

□ /	3.	**B**	債権者委員会について条文を指摘しつつ説明しなさい。
□ /			
□ /			

第3章　破産手続の利害関係人

□ /	1.	**A**	破産債権者について条文を指摘しつつ説明しなさい。
□ /			
□ /			

□ /	2.	**A**	別除権者について条文を指摘しつつ説明しなさい。
□ /			
□ /			

□ /	3.	**A**	相殺権者について条文を指摘しつつ説明しなさい。
□ /			
□ /			

□ /	4.	**A**	財団債権者について条文を指摘しつつ説明しなさい。
□ /			
□ /			

第4編　破産財団とその確保

第1章　破産財団の意義と性質

□ /	1.	**A**	破産財団について条文を指摘しつつ説明しなさい。
□ /			
□ /			

2. 破産手続に関する直接の利害関係人である破産債権者に対して，手続の進行についての情報を開示し，それを基礎として管財業務にかかわる重要事項についての意思決定の機会を与える制度（破135条以下）。

3. 債権者集会よりも機動的に活動できる手続機関（破144条以下）。

第3章 破産手続の利害関係人

1. 破産手続開始前の原因に基づく財産上の請求権であって財団債権に該当しないものの主体（破2条5項，6項）。

2. 別除権を有する者（破2条9項，10項，65条1項）。

3. 破産手続によらない相殺権の行使（破67条1項）を認められる破産債権者。

4. 破産手続によらないで，破産財団から破産債権者に先立って弁済を受ける地位を有する者（破2条7項，8項，151条）。

第4編 破産財団とその確保

第1章 破産財団の意義と性質

1. 破産手続開始決定の時点において破産者に帰属する財産（破34条1項）。破産手続開始決定の時点を基準として，その時点での破産者の総財産を破産財団とする（固定主義）。

☐ ／
☐ ／　　2.　**B**　　破産財団の有する３つの意味について説明しなさい。
☐ ／

☐ ／
☐ ／　　3.　**A**　　自由財産について条文を指摘しつつ説明しなさい。
☐ ／

☐ ／
☐ ／　　4.　**A**　　慰謝料請求権は「差し押さえることができない財産」（破
☐ ／　　　　　　　　34条３項２号）に当たるかについて説明しなさい。

☐ ／
☐ ／　　5.　**B**　　退職金請求権が「将来の請求権」（破34条２項）として
☐ ／　　　　　　　　破産財団に含まれるかについて説明しなさい。

☐ ／
☐ ／　　6.　**B**　　生命保険契約に基づく保険金請求権が「将来の請求権」
☐ ／　　　　　　　　（破34条２項）として破産財団に含まれるかについて説明
　　　　　　　　　　しなさい。

☐ ／
☐ ／　　7.　**B**　　賃貸借契約における敷金返還請求権が「将来の請求権」
☐ ／　　　　　　　　（破34条２項）として破産財団に含まれるかについて説明
　　　　　　　　　　しなさい。

2. ①法定財団
→破産法が予定している破産財団。
②現有財団
→破産管財人が現実に管理処分権を実行できる財産。
③配当財団
→破産管財人が法定財団と現有財団を一致させていった結果，配当原資となるべき財産の集合体。

3. 債務者が従前有していた財産のうち，破産財団に含まれないものと，破産手続開始決定後に債務者が得た財産（破34条3項）。
※自由財産が認められる趣旨は，破産者及びその家族の生活保障と経済的な再出発を図る点にある。

4. 判例（最判昭58.10.6）は，名誉を侵害されたことを理由とする慰謝料請求権については行使上の一身専属権であるから，その性質を失わない限りは破産財団に帰属することはなく，被害者が同請求権を行使する意思を表示しただけでいまだその具体的な金額が客観的に確定しない間は，一身専属性は失われないと解すべきであるが，他方で額が客観的に確定したときは，同請求権はもはや加害者の現実の履行を残すだけであるから，一身専属性が失われ差押えが可能となり破産財団に組み込まれるとしている。
※名誉を侵害されたことを理由とする以外の慰謝料請求権にも上記判例の射程が及ぶかについては争いがある。

5. 将来の請求権とは，停止条件付債権や期限付債権で，破産手続開始の決定の時点では未だ条件成就や期限の到来がないものをいう。裁判例（福岡高決昭37.10.25）は差押禁止の範囲に含まれる部分を除いては将来の請求権として破産財団に含まれるとしている。
※もっとも，破産管財人が退職金債権を現実化するために破産者と会社との雇用契約を解約（破53条1項）することは雇用契約の解約が破産者にとって一身上の法律関係であることから，認められないとする見解も有力である。

6. 判例（最判平28.4.28）は，保険金請求権は，被保険者の死亡前であっても，受取人において処分したり，差押えをしたりすることが可能であるため，一定の財産的価値を有することが否定できないから，当該請求権は，「将来の請求権」にあたり，破産財団に含まれるとしている。

7. 賃貸借契約後の明渡しという事実に基づいて金額が確定し，現実化するため，将来の請求権に含まれる。

☐ ___/___
☐ ___/___　8.　**A**　自由財産の拡張について条文を指摘しつつ説明しなさい。
☐ ___/___

第2章　否認権

☐ ___/___
☐ ___/___　1.　**A**　否認権について説明しなさい。
☐ ___/___

☐ ___/___
☐ ___/___　2.　**A**　否認権の基本類型を条文とともに3つ説明しなさい。
☐ ___/___

☐ ___/___
☐ ___/___　3.　**A**　詐害行為について説明しなさい。
☐ ___/___

☐ ___/___
☐ ___/___　4.　**A**　偏頗行為について説明しなさい。
☐ ___/___

☐ ___/___
☐ ___/___　5.　**A**　否認権の行使主体について条文を指摘しつつ説明しなさい。
☐ ___/___

☐ ___/___
☐ ___/___　6.　**B**　破産債権が全て消滅していた場合の否認権行使の可否について説明しなさい。
☐ ___/___

☐ ___/___
☐ ___/___　7.　**A**　否認権行使の効果について条文を指摘しつつ説明しなさい。
☐ ___/___

---

8. 裁判所は，破産手続開始の決定があった時から当該決定が確定した日以後1月を経過する日までの間，破産者の申立により又は職権で，決定で，破産者の生活の状況，破産手続開始の時において破産者が有していた破産法34条3項各号に掲げる財産の種類及び額，破産者が収入を得る見込みその他の事情を考慮して，破産財団に属しない財産の範囲を拡張することができる（破34条4項）。

第2章　否認権

1. 破産者が破産手続開始決定前にした破産債権者を害する行為の効力を，破産財団との間において否定し，責任財産から逸失した財産を，破産財団に回復するために破産管財人に与えられた権利。

2. ①詐害行為否認（破160条1項2項）
②詐害行為否認の特別の類型である無償行為否認（破160条3項）
③偏頗行為否認（破162条1項）

3. 破産者となる債務者の責任財産を絶対的に減少させる行為。
→①それが財産の実質的減少を伴うものであることと，
　②行為が実質的危機時期になされていることが必要とされる。

4. 債権者平等を害する行為。

5. 破産管財人（破173条1項）。

6. 否認権を行使できる（最判昭58.11.25）。
∵否認権が破産者の全財産でもって債権者の公平な満足を図るものであり，破産債権の存否は否認権とは別の制度で確定すべき。

7. 否認権が行使されると，対象行為の受益者や転得者は破産財団を原状に回復すべき義務を負う（破167条1項）。財産権そのものの返還が難しい場合，破産管財人は返還に代えて価額の償還を求めることができる。

☐ / ☐ / ☐ /	**8.** **A**	否認権の一般的要件のうち，有害性について説明しなさい。

☐ / ☐ / ☐ /	**9.** **A**	否認権の一般的要件のうち，不当性について説明しなさい。

☐ / ☐ / ☐ /	**10.** **A**	否認される対象は，常に破産者の行為である必要があるかについて，条文を指摘しつつ説明しなさい。

☐ / ☐ / ☐ /	**11.** **A**	公務員の共済組合から組合員たる公務員が貸付金を受けた場合，当該公務員が退職すると退職金が，貸付金の弁済として給与支払機関から直接共済組合に振り込まれるという措置が法定されていた。当該公務員が破産手続申立後退職し，その後退職金が共済組合に振り込まれた後，破産手続が開始した場合，当該退職金の振込には破産者の行為が介在していないにもかかわらず偏頗行為否認の対象となるかについて説明しなさい。

☐ / ☐ / ☐ /	**12.** **B**	会社の組織再編行為について否認することができるかについて説明しなさい。

☐ / ☐ / ☐ /	**13.** **A**	詐害行為否認（破160条1項）の要件について説明しなさい。

8. 　否認の対象となる行為が破産債権者にとって有害であることをいい，詐害行為では破産財団の減少行為をいい，偏頗行為では債権者平等を害する行為をいう。

9. 　行為自体が破産債権者にとって有害であっても，行為の動機や目的に照らして破産債権者の利益を凌駕する社会的価値がある行為については，不当性がないとして否認の成立を否定する。

10. 　有力説は，①詐害行為否認のうち，破産者の害意を要件とする場合（破160条1項1号，161条1項2号）には，原則として破産者自身の行為が要求される。
　　②詐害行為否認でも，破産者の主観的要件が不要とされる場合（破160条1項2号），及び偏頗行為否認などの場合（破162条1項）には，たとえ第三者の行為であっても，その効果において破産者の行為と同視されるものが認められる限りにおいて，否認の成立を認めてよい。

11. 　判例（最判平2.7.19）は，共済組合の組合員の給与支払機関による共済組合への払込みは，共済組合に対する組合員の債務の弁済を代行するものにほかならないから破産者の行為と同視すべきとして，偏頗行為否認の対象となるとした。

12. 　裁判例（東京地決平22.11.30）は，事業譲渡について，一定の場合に詐害行為否認を認めている。また，裁判例（東京高判平24.6.20）は，濫用的な会社分割の場合に，詐害行為否認を認めている。

13. ①破産手続開始前の行為で，担保の供与又は債務の消滅に関する行為を除いたもの（破160条1項柱書）かつ，以下の②又は③に該当する行為。
②破産者が破産債権者を害することを知ってした行為。ただし，これによって利益を受けた者が，その行為の当時，破産債権者を害することを知らなかったときは，この限りでない（破160条1項1号）。
③破産者が支払の停止又は破産手続開始の申立てがあった後にした破産債権者を害する行為。ただし，これによって利益を受けた者が，その行為の当時，支払の停止等があったこと及び破産債権者を害することを知らなかったときは，この限りでない（破160条1項2号）。

4
破産財団とその確保

□　／
□　／　14.　**A**　詐害行為否認の要件（破160条1項1号「破産債権者を
□　／　　　　　　害する」）として，その行為が実質的危機時期になされて
　　　　　　　　　　いることが求められるところ，実質的危機時期とはどの
　　　　　　　　　　ような財産状態にある時期かについて説明しなさい。

□　／
□　／　15.　**A**　詐害行為否認の要件としての詐害意思（破160条1項1
□　／　　　　　　号「害することを知ってした」）の内容を説明しなさい。

□　／
□　／　16.　**A**　詐害行為否認（破160条2項）の要件について説明しな
□　／　　　　　　さい。

□　／
□　／　17.　**A**　詐害行為否認（破160条3項）の要件について説明しな
□　／　　　　　　さい。

□　／
□　／　18.　**A**　詐害行為否認（破160条3項）における「無償行為」の
□　／　　　　　　内容について説明しなさい。

□　／
□　／　19.　**B**　無償否認において債務超過が要件となるかについて説
□　／　　　　　　明しなさい。

□　／
□　／　20.　**B**　遺産分割協議が無償行為否認の対象となり得るかにつ
□　／　　　　　　いて説明しなさい。

14. ①既に債務超過に陥っているか，又は当該行為によって債務超過となる状態である
とする考え方。
②支払不能や債務超過状態が発生し，又はその発生が確実に予測される時期である
とする考え方。
※裁判例には，上記①②の考え方のいずれも存在する。

15. 自らが実質的危機時期にあること，当該行為が自身の責任財産を減少させること
を認識している場合，詐害意思が認められる。

16. 破産者がした債務の消滅に関する行為であって，債権者の受けた給付の価額が当
該行為によって消滅した債務の額より過大であるものは，破産法160条1項各号
に掲げる要件のいずれかに該当するときは，破産手続開始後，その消滅した債務の
額に相当する部分以外の部分に限り，破産財団のために否認することができる。

17. 破産者が支払の停止等があった後又はその前6月以内にした無償行為及びこれと
同視すべき有償行為は，破産手続開始後，破産財団のために否認することができる。

18. 破産者が対価を得ないで財産を減少させたり，債務を負担する行為。破産者が義
務なくして他人のために抵当権を設定する行為は，破産者が経済的利益を受けない
限り，無償行為に当たる（最判昭62.7.3）。裁判例（東京地判平18.12.22）は，
担保権の設定に伴い担保権設定者が債務者に対して求償権を取得したとしてもそれ
は破産者の経済的利益ではないとしている。

19. 民事再生の事案であるが，判例は，債務超過になることを要件とすることをうか
がわせる文言がないこと，無償行為否認の趣旨が否認の対象である再生債務者の行
為が対価を伴わないものであって再生債権者の利益を害する危険が特に顕著である
ため，専ら行為の内容及び時期に着目して特殊な否認類型を認めた点にあることを
理由に，債務超過は無償否認の要件ではないとしている。

20. 裁判例（東京高判平27.11.9）は，遺産分割協議について，それが民法906条が
掲げる事情とは無関係に行われ，遺産分割に仮託してされた財産処分と認めるに足
りるような特段の事情がある場合には，無償行為否認の対象に当たり得るとしてい
る。

☐ /	21.	**A**	経営者が破産した場合，当該経営者が企業に対する融資の条件としてなした個人保証の契約を無償行為として否認できるかの判断基準について説明しなさい。
☐ /			
☐ /			

☐ /	22.	**A**	相当な対価を得てした財産の処分行為の否認の要件について条文を指摘しつつ説明しなさい。
☐ /			
☐ /			

☐ /	23.	**A**	「隠匿等の処分」をするおそれ（破161条1項）について説明しなさい。
☐ /			
☐ /			

☐ /	24.	**A**	偏頗行為否認の要件について条文を指摘しつつ説明しなさい。
☐ /			
☐ /			

☐ /	25.	**B**	債権差押命令の送達を受けた第三債務者が，差押債権につき差押債務者に対して弁済をし，更に差押債権者に対しても二重に弁済をした後に差押債務者が破産手続開始の決定を受けた場合，後者の弁済を偏頗行為否認することができるかについて説明しなさい。
☐ /			
☐ /			

21. 　判例（最判昭62.7.3）は，無償行為否認が破産者及び受益者の主観を顧慮していないのは無償行為否認が破産債権者にとって特に危険なものであること，会社とは別の法人格である経営者の破産債権者のために破産手続が行われることを理由に，無償性はもっぱら破産者について決すれば足り，その理は破産者が同族会社の経営者であっても妥当するとして，破産者がその対価として直接的な利益を受けない限り，無償行為に当たるとしている。
　　※この判例を前提に，担保設定に当たり，保証料等の直接の対価を受領していない場合には，「特段の事情（その他に担保設定の対価というべき直接的な経済的利益を受けていたか否か）」のない限り無償行為に当たるとした裁判例（大阪高判平22.2.18）がある。

22. ①不動産の金銭への換価等，財産の種類の変更によって，破産者が破産債権者を害する処分（「隠匿等の処分」）をするおそれを現に生じさせること（破161条1項1号）。
　②破産者が行為の当時隠匿等の処分をする意思を有していたこと（同項2号）。
　③相手方が行為の当時，破産者の隠匿等処分意思について悪意であったこと（同項3号）。

23. 　「隠匿等の処分」には，売買の他，相当の融資を受けて担保権を設定する行為も含まれる。また，「隠匿等の処分」をするおそれは，抽象的なおそれでは足りず，処分前後の事情や財産の種類の変更などから隠匿等が行われたであろうことが推認される場合でなければならない。

24. ①既存の債務についてされた担保の供与又は債務の消滅に関する行為で（破162条1項柱書），かつ，②又は③を充足する行為。
　②破産者が支払不能になった後又は破産手続開始の申立てがあった後にした行為。ただし，当該行為が支払不能になった後にされたものである場合は，支払不能であったこと又は支払の停止があったことにつき悪意が，当該行為が破産手続開始の申立てがあった後にされたものである場合は，破産手続開始の申立てがあったことにつき悪意が求められる。
　　※2項で悪意の推定，3項で支払不能の推定規定がある。
　③破産者の義務に属せず，又はその時期が破産者の義務に属しない行為であって，支払不能になる前30日以内にされたもの。ただし，債権者がその行為の当時他の破産債権者を害することを知らなかったときは，この限りでない。

25. 　判例（最判平29.12.19）は，前者の弁済により差押債権は既に消滅しているから，後者の弁済は，差押債務者の財産をもって債務を消滅させる効果を生じしめるものとはいえず，破産法162条の「債務の消滅」には当たらないとして，否認することができないとしている。

□ ／
□ ／　26.　**A**　　支払不能後の債務者が，特定の既存の債務の支払のた
□ ／　　　　　　　めに第三者から資金を借り入れて，これを当該債務の債
　　　　　　　　　権者に弁済した場合，その弁済行為は否認の対象になる
　　　　　　　　　かについて説明しなさい。

□ ／
□ ／　27.　**A**　　「破産者の義務に属しない行為」（破162条1項2号）の
□ ／　　　　　　　典型例ついて説明しなさい。

□ ／
□ ／　28.　**A**　　「その時期が破産者の義務に属しない行為」（破162条1
□ ／　　　　　　　項2号）の典型例について説明しなさい。

□ ／
□ ／　29.　**A**　　代物弁済に供する物に動産売買先取特権が認められた
□ ／　　　　　　　場合，当該代物弁済が否認の対象になるかについて説明
　　　　　　　　　しなさい。

□ ／
□ ／　30.　**A**　　一度動産売買先取特権の目的物を転売して，転売先に
□ ／　　　　　　　搬入していたところ，これにつき買主が転売契約を合意
　　　　　　　　　解除して目的物を取り戻し，これを代物弁済の目的物と
　　　　　　　　　した場合に当該代物弁済が否認の対象になるかについて
　　　　　　　　　説明しなさい。

26. 判例（最判平5.1.25）は，債務者が第三者から交付を受けた小切手を即座に当該債権者の口座に振り込むという形で行われ，その弁済以外の使途に流用することは不可能であったこと，第三者は特定の債務の弁済を理由として資金を貸し付けており，弁済をしなければ貸付けを受けられなかったことなどを理由に，本件事案においては，本件の弁済の原資となった貸付金は破産債権者の共同担保（責任財産）ではなかったとして，否認の対象とならないとしている。

27. 担保提供義務がないにもかかわらず担保を提供することが典型例として挙げられる。なお，担保提供義務があったが，その方法が義務に属しない場合（担保提供の約定はあったものの，当事者間であらかじめ約定をしていない代物弁済行為など）は，「破産者の義務に属しない行為」には当たらない。

28. 弁済期前の弁済や特約がないのに行われる債務の更改。

29. 判例（最判昭41.4.14）は，この場合，その物は破産債権者の共同担保ではないことを理由に，当該代物弁済は否認の対象とはならないとしている。

30. 判例（最判平9.12.18）は，売主が先取特権を行使し得なくなっていた時点からみると，買主が合意解除により目的物を取り戻した行為は，売主に対する関係では，法的に不可能であった担保権の行使を可能とするという意味において，実質的には新たな担保権設定行為と同視することができるとして，否認権行使を肯定している。
　∵民法上，先取特権は，債務者が目的物を第三者に引き渡した後は，その目的物について行使できない（民法333条）ため，買主が目的物を第三者に引き渡した時点で，売主は，先取特権を行使することができなくなっていたが，その後の合意解除によって買主が目的物を取り戻したことで先取特権を行使し得る地位を回復したにすぎない。
　なお，この場合，先取特権者たる売主は転売代金債権について物上代位権を取得するが，民法上，動産の先取特権を有する担保権者が転売代金債権を行使するためには，物上代位権を行使する必要があり，その物上代位権は，「払渡し又は引渡しの前」に担保権者自ら「差押え」をする必要がある（民法304条1項）ため，目的物に対する先取特権の行使に比べても，法律上又は事実上の制約により優先弁済の実現は不確実なものとなっているから，この点は否認権成立に影響を与えない。

	/	31.	**A**	債務者の支払停止等を停止条件とする債権譲渡契約自体が支払不能より前に締結されている場合に，当該債権譲渡について否認の対象となるかについて説明しなさい。
	/			
	/			

	/	32.	**A**	手形支払についての否認の制限について条文を指摘しつつ説明しなさい。
	/			
	/			

	/	33.	**A**	手形の買戻しに破産法163条1項が適用ないし類推適用されるかについて説明しなさい。
	/			
	/			

	/	34.	**A**	対抗要件具備行為の否認について条文を指摘しつつ説明しなさい。
	/			
	/			

	/	35.	**A**	破産法164条の趣旨について2つの見解を説明しなさい。
	/			
	/			

	/	36.	**A**	ある不動産の売買契約自体は否認できないため，破産管財人が，対抗要件具備行為である所有権移転登記を否認しようとしたところ，上記所有権移転登記が支払停止前になされており，破産管財人が，破産法164条1項に基づく否認をすることができない場合に，対抗要件具備行為を故意否認（破160条1項1号）することができるかについて説明しなさい。
	/			
	/			

31. 判例（最判平16.7.16）は，このような契約は，危機時期に至るまで債務者の責任財産に属していた財産を債務者の危機時期が到来するや直ちに当該債権者に帰属させることによってこれを責任財産から逸出させることを目的としていることから，破産法162条1項の趣旨に反するものであり，実質的には危機時期が到来した後に行われた債権譲渡と同視すべきものとして，否認の対象となるとしている。

32. 破産者から手形の支払を受けなければ，手形所持者について，手形上の債務者に対する手形法上の遡求権（手形法43条，77条1項4号）が失われる場合，否認権が制限される（破163条）。

33. 判例（最判昭37.11.20）は，本条項の適用・類推適用の余地はないとしている。
∵破産法163条は，破産者が手形金を支払った場合，これがのちに否認されてしまうと支払がなければ行っていたはずの遡求権行使のための拒絶証書の作成（手形法38条など）を受ける機会がなく，遡求権が行使できなくなるという不都合を取り除くための制度である。

34. 支払停止等があった後に，権利の設定，移転，又は変更を第三者に対抗するために必要な行為（仮登記又は仮登録を含む）がなされた場合に，その対抗要件具備行為が権利の設定などの原因行為から15日を経過したのちに支払停止等を知ってなされたとき，否認の対象となる（破164条1項）。

35. （創造説）：破産法164条の趣旨を，本来否認できない対抗要件具備行為に対し，法が一定の場合に特に否認を認めたことにあるとする見解。
（制限説）：破産法160条の否認を制限する特則であり，15日の経過という要件を加重したものであると考える見解。

36. 判例（最判昭45.8.20）は，これを肯定している。
※この問題は，破産法164条の趣旨をどのように考えるかによって結論が分かれる。まず判例は，同条の趣旨について，制限説を採用している。制限説は，同条を，対抗要件具備行為は本来詐害行為として独立の否認の対象となり得るはずであるが，原因行為が否認できない以上，できるだけ対抗要件を具備させることが望ましいとの考慮に基づいて，原因行為から15日を経過する前になされた対抗要件の具備行為の否認を否定したものと考える。これを前提に，同条は，支払停止又は破産手続開始申立て後の対抗要件具備行為（破160条1項2号）を制限したものであると考えると，支払停止等の前になされた対抗要件具備行為も，破産法160条1項1号の要件を満たす限り，否認することができることになる。

☐ / ☐ / ☐ /	37.	**B**	債務者のする承諾（民法467条）が否認の対象となるかについて説明しなさい。

☐ / ☐ / ☐ /	38.	**B**	執行行為の否認について条文を指摘しつつ説明しなさい。

☐ / ☐ / ☐ /	39.	**A**	仮登記仮処分命令に基づく仮処分の否認について，対抗要件具備行為の否認と考えるか，執行行為の否認と考えるかについて説明しなさい。

☐ / ☐ / ☐ /	40.	**A**	支払停止を要件とする否認の制限について条文を指摘しつつ説明しなさい。

☐ / ☐ / ☐ /	41.	**A**	転得者に対する否認について条文を指摘しつつ説明しなさい。

☐ / ☐ / ☐ /	42.	**A**	転得者に対する否認が成立した時の効果について説明しなさい。

37. 旧法下の判例ではこれを否定したものもあるが，その効果において破産者による対抗要件具備行為と同視される債務者の承諾も否認の対象となるという見解も有力である。

38. 否認行為について執行力のある債務名義がある場合や，否認の対象行為が執行行為によるもの（転付命令に基づいて，差押債権者が第三債務者から既に弁済を受けているような場合）であっても，否認行為は妨げられない（破165条）。

39. 判例（最判平8.10.17）は，仮登記は，それ自体で対抗要件を充足させるものではないが，順位保全効を有し，破産財団に対してもその効力を有するのであるから，対抗要件を充足させる行為として，破産法164条1項の否認の対象となると解すべきとした上で，仮登記仮処分命令に基づく仮登記は，その効力において破産者との共同申請による仮登記と異なるところがないこと，仮登記仮処分命令は，仮登記義務者である破産者の処分意思が明確に認められる文書等が存在するときに発令されるのが通例であることから，破産者の行為があった場合と同視して，これを対抗要件具備行為の否認であるとした。

40. 否認対象行為が支払停止後のものであること，支払停止についての受益者の悪意が否認要件の1つとされている場合，破産手続開始申立ての日から1年以上前にした行為について，これらの要件の充足を理由として否認権を行使することができない（破166条）。ただし，無償行為否認（破160条3項）については本条の適用が除外されている（破166条かっこ書）。
   ※この趣旨は，支払停止は支払不能と異なり1回的行為であるがゆえに，否認権行使の範囲を拡大しすぎると取引の安全を害するおそれがあるため，これを防止する点にある。

41. ①受益者及び中間転得者全てに否認原因が存在し，かつ，②ないし④のいずれかに該当すること。
   ②転得者が転得当時に破産者がした行為が破産債権者を害することを知っていた場合（破170条1項1号）。
   ③転得者が破産者の内部者（破161条2項）の場合（転得者が，転得の当時，破産者がした行為が破産債権者を害することを知らなかったことを立証した場合，否認権は成立しない）（破170条1項2号）。
   ④転得者が無償行為又はこれと同視すべき行為による場合（破170条1項3号）。

42. 転得者に対する否認が成立したときには，破産者と受益者の間の行為が否認される。転得者に対する関係で受益者を相手方とする破産者の行為の否認が認められると転得者の権利取得の効果が覆され，財産権が破産財団に復帰する（破167条1項）。

4 破産財団とその確保

□ /			
□ /	**43.**	**B**	支払停止前ではあるが，債務者の倒産が確実に予想さ
□ /			れる時点で，債権者を害する目的で振込指定契約が締結

□ / 　　**43.** **B** 　支払停止前ではあるが，債務者の倒産が確実に予想さ
□ / 　　　　　　れる時点で，債権者を害する目的で振込指定契約が締結
□ / 　　　　　　され，それに基づく債務負担が生じている場合のように，
　　　　　　　　相殺の基礎となる債権債務が否認できない場合に改めて
　　　　　　　　相殺自体を否認できるかについて説明しなさい。

□ / 　　**44.** **A** 　詐害行為否認の対象となる目的物が複数で可分である
□ / 　　　　　　場合に，否認の効果は詐害の程度に応じて目的物の一部
□ / 　　　　　　にとどまるのかについて説明しなさい。

□ / 　　**45.** **B** 　否認権を行使し，価額を償還する場合，その価額の算
□ / 　　　　　　定基準時はいつとすべきかについて説明しなさい。
□ /

□ / 　　**46.** **B** 　否認権行使による相手方の地位の変更について条文を
□ / 　　　　　　指摘しつつ説明しなさい。
□ /

□ / 　　**47.** **A** 　債務消滅行為が否認によって効力を失い，債権が復活
□ / 　　　　　　した場合，債務消滅行為によって消滅していた連帯債務
□ / 　　　　　　や保証債務，物上保証などのような従たる権利も復活す
　　　　　　　　るかについて説明しなさい。

43. 判例（最判平2.11.26）は，相殺を否認することはできないとしている。
∵このような場合にまで相殺を否認できるとすると，債権者の相殺の担保的機能への合理的期待を害するし，否認したとしても相殺適状が復活し再度相殺ができることになり無意味。

44. 判例（最判平17.11.8）は，更生手続ではあるものの，詐害行為により逸出した更生会社の一般財産を現状に回復させ，更生会社の事業の維持更生を図るという故意否認の趣旨等を理由に，否認権を行使する場合には，目的物が複数で可分であったとしても，目的物全てに否認の効果が及ぶとしている。

45. 判例（最判昭61.4.3）は，否認権行使によって破産財団が原状復帰するという点（破167条）を重視し，破産管財人の否認権行使時を基準としている。

46. 反対給付が破産財団に現存している場合，相手方はその返還を請求できる（破168条1項1号）。反対給付が破産財団に現存しない場合は，反対給付の価額償還請求権を財団債権者として行使できる（破168条1項2号）。相手方の悪性が強い場合(破168条2項柱書)，反対給付の価額償還請求権が破産債権に格下げされる(破168条2項3号)。財団債権部分については，否認の請求による破産管財人から相手方への返還請求権との差し引き計算が認められている（破168条4項）。上記規定にあわせて転得者は受益者が本来破産者に対して有していたであろう権利を代位行使できる（破170条の2第1項本文，2項）。しかし，その範囲は転得者の反対給付の価額の限度に限られる（同条1項ただし書，4項）。
　　債務消滅に関する行為が否認され，相手方が受けた給付の一部返還などがされた場合，割合に応じて債権が復活する（破169条）。物的担保・人的担保も復活するのが原則であるが，既に第三者のために譲渡されていた場合などは，この限りでない（不動産登記法72条）。上記規定にあわせて転得者は受益者に本来復活していたであろう破産債権を行使することができる（破170条の3）。

47. 判例（最判昭48.11.22）は，連帯保証債務が弁済によって消滅したとしても，その弁済が否認された場合，連帯保証債務は当然復活するとしている。

4

破産財団とその確保

第3章　法人の役員の責任追及等

□ ／
□ ／　　**1.** 🅱　　法人の役員の責任追及制度について条文を指摘しつつ
□ ／　　　　　　　説明しなさい。

第4章　担保権の消滅・商事留置権の消滅

□ ／
□ ／　　**1.** 🅰　　担保権消滅許可制度について条文を指摘しつつ説明し
□ ／　　　　　　　なさい。

□ ／
□ ／　　**2.** 🅰　　「破産債権者の一般の利益に適合する」（破186条1項）
□ ／　　　　　　　について説明しなさい。

□ ／
□ ／　　**3.** 🅰　　「担保権を有する者の利益を不当に害する」（破186条1
□ ／　　　　　　　項ただし書）について説明しなさい。

第3章　法人の役員の責任追及等

1.　①役員の財産に対する保全処分（破177条）
②役員の責任の査定の申立て等（破178条）
③役員責任査定決定等（破179条）
④役員責任査定決定に対する異議の訴え（破180条）
※破産した法人の役員に対し，法人が損害賠償請求権を有している場合に，簡易な手続で当該請求権の有無を判断させ，破産手続の遅滞を防止する制度である。

第4章　担保権の消滅・商事留置権の消滅

1.　担保権消滅許可手続は，破産管財人が担保目的物を任意売却し，その売却代金の一部を破産財団に組み入れることを前提として，担保権を消滅させるという内容について裁判所に許可を申し立てるというものである（破186条1項）。この許可の申立ては任意売却が破産債権者の一般の利益に適合する場合に認められる。ただし，担保権者の利益を不当に害する場合は許可がされない（同項ただし書）。

破産管財人から担保権消滅許可の申立てがされた場合であって，破産管財人の提示する売得金額，組入金額に不服がある担保権者は，担保権を実行することができる（破187条1項）。

もっとも破産管財人が提示する任意売却を基礎として，担保権者自身又は他の者が買い受ける旨の申出が認められている（破188条1項）。買受けの申出をする場合には，担保権実行の申立てはできない（破188条6項，187条3項）。買受けの申出は書面でされ（破188条2項），買受けの額は破産管財人申出の売得金の額よりも5％以上高額なものである必要がある（同条3項）。
※担保権消滅許可制度は，後順位抵当権者による高額な判子代を回避しつつ，なるべくスムーズに担保目的財産が任意売却されるための制度である。

2.　当該財産を他の手段によって換価する場合（担保権者による別除権の行使に委ねる場合や，破産管財人による強制執行（破184条2項）の場合）よりも換価する価格が多く，組入金額が増殖するかということ。

3.　担保権者が優先弁済権によって把握する価値そのものが消滅許可によって損なわれる場合。

□ /	4.	**B**	商事留置権の消滅請求について条文を指摘しつつ説明
□ /			しなさい。
□ /			

第５編　法律関係の整理

第１章　契約関係の整理

□ /	1.	**A**	双方未履行双務契約について説明しなさい。
□ /			
□ /			

□ /	2.	**A**	双方未履行双務契約の処理について条文を指摘しつつ
□ /			説明しなさい。
□ /			

□ /	3.	**A**	破産法53条１項の趣旨について説明しなさい。
□ /			
□ /			

4. 　破産手続開始の時において破産財団に属する財産につき商事留置権が存在する場合において，当該財産が，破産者の事業の継続（破36条に該当する場合）に必要なものであるとき，その他当該財産の回復が破産財団の維持又は増加に資するときは，破産管財人は，裁判所の許可を得て，留置権者に対して，当該財産の価格に相当する金銭を留置権者に弁済することを条件に，当該留置権の消滅を請求することができる（破192条1項，2項，3項）。

第5編　法律関係の整理

第1章　契約関係の整理

1. 　双務契約であって，破産手続開始時を基準として双方の債務の全部又は一部の履行が完了していない場合。

2. 　破産管財人は契約関係に基づいて破産者の債務を履行し，相手方に対して債務の履行を請求するか，解除権の行使によって契約関係を解消させるかの選択権を行使することができる（破53条1項）。
　履行が選択され契約関係が存続する場合，相手方の請求権は財団債権として扱われる（破148条1項7号）。
　一方，解除が選択された場合，契約関係は遡及的に消滅するが，相手方に原状回復請求権が発生する（民法545条1項本文）。この権利は，取戻権又は財団債権の地位を与えられる（破54条2項）。相手方は解除による損害賠償を求めることもできる（民法545条4項）。しかし，その地位は破産債権にとどまる（破54条1項）。
　※相手方は，破産手続開始後の解除原因に基づく場合，個別的権利行使禁止の原則（破100条1項）から，解除権を行使することができない。

3. 　①契約当事者間の公平と，②円滑な破産清算の必要性（通説）。
　なお，判例（最判昭62.11.26）は，破産法53条1項の趣旨について，「双務契約における双方の債務が，法律上及び経済上相互に関連性をもち，原則として互いに担保視しあっているものであることにかんがみ，双方未履行の双務契約の当事者の一方が破産した場合に，法60条［注：現54条］と相まって，破産管財人に右契約の解除をするか又は相手方の債務の履行を請求するかの選択権を認めることにより破産財団の利益を守ると同時に，破産管財人のした選択に対応した相手方の保護を図る趣旨の双務契約に関する通則である」と述べている。この判例は，通説をはじめとした様々な学説を取り入れたものと評価されている。

□ ／
□ ／　4.　**A**　継続的給付を目的とする双方未履行双務契約の処理に
□ ／　　　　　ついて条文を指摘しつつ説明しなさい。

□ ／
□ ／　5.　**A**　破産法53条1項の解除権が制限される場合について説
□ ／　　　　　明しなさい。

□ ／
□ ／　6.　**A**　所有権留保売買において会社更生申立ての原因となる
□ ／　　　　　事実があった場合に契約を解除できるという当事者間の
　　　　　　　　　特約がある場合に，相手方（債権者）が履行遅滞を理由
　　　　　　　　　に契約を解除することができるかについて説明しなさい。

□ ／
□ ／　7.　**A**　賃借人が破産した場合の双方未履行双務契約の処理に
□ ／　　　　　ついて条文を指摘しつつ説明しなさい。

□ ／
□ ／　8.　**A**　賃貸人が破産した場合の双方未履行双務契約の処理に
□ ／　　　　　ついて条文を指摘しつつ説明しなさい。

4.　破産管財人が履行を選択した場合，破産者に対して継続的供給義務を負う双務契約の相手方は，破産手続開始の申立て前の給付にかかる破産債権について弁済がないことを理由に履行拒絶できない（破55条1項）。

　一方，申立後破産手続開始前にした給付にかかる請求権は，財団債権となる（破55条2項）。一定期間ごとに債権額を算定することになっている継続的給付については，破産手続開始の申立ての属する期間内の給付にかかる請求権は，ここにいう財団債権に含まれる（同項かっこ書）。

　労働債権については破産法55条1項2項は適用されない（破55条3項）。

5.　預託金会員制ゴルフクラブ（多くの会員が預託金をクラブに預けることでゴルフクラブを整備し，会員はゴルフ場を優先的あるいは独占的に利用できるという仕組みが採られている）の会員が破産した事案において，判例は以下のように判示している。

①会員が年会費を負担するタイプのゴルフクラブと会員との関係について

　この場合，判例（最判平12.2.29）は，会員の年会費支払義務とゴルフクラブがゴルフ場を利用可能な状態を保つことについて，双方未履行双務契約であるという認定をしたものの，破産管財人の解除権の行使については，契約解除によって相手方に著しく不公平な状況が生じる場合には，破産管財人は解除権を行使することができないとした。

②会員が預託金を預けているが，年会費の負担はない場合

　この場合，判例（最判平12.3.9）は，双方未履行双務契約とはならないとされ，解除権が発生しないとした。

6.　会社更生法の事案であるが，判例（最判昭57.3.30）は，このような当事者間の特約は会社更生法の趣旨目的に反して無効であることや，弁済禁止の保全処分がある場合はその効力を理由に，履行遅滞に基づく契約解除をすることができないとしている。

7.　破産法53条1項が適用され，賃借人の破産管財人が履行か解除かを選択することになる。

　※なお，賃借人破産の場合の転借権に関しては，転借人が第三者対抗要件を備えている場合には，転貸人たる賃借人の破産管財人の契約解除権は制限されている（破56条1項）。

8.　賃借権その他の使用及び収益を目的とする権利について登記・登録その他の第三者対抗要件を備えている場合には，破産法53条1項及び2項の適用が排除され，破産管財人は履行か解除かを選択することはできない（破56条1項）。

5
法律関係の整理

<table>
<tr><td>□ /
□ /
□ /</td><td>9.</td><td>**A**</td><td>所有権留保売買における双方未履行双務契約の処理について説明しなさい。</td></tr>
</table>

<table>
<tr><td>□ /
□ /
□ /</td><td>10.</td><td>**B**</td><td>ローン提携販売契約における双方未履行双務契約の処理について説明しなさい。</td></tr>
</table>

<table>
<tr><td>□ /
□ /
□ /</td><td>11.</td><td>**A**</td><td>ファイナンス・リース契約（事業活動にある物件を利用しようとする者（ユーザー）が，自己が直接その物件を購入するのではなく，リース会社にリースの申込みをし，リース会社はこの物件を購入してそれをユーザーに利用させ，この対価としてユーザーからはリース料の支払を受けるという契約）における破産法53条1項の適用の有無について説明しなさい。</td></tr>
</table>

<table>
<tr><td>□ /
□ /
□ /</td><td>12.</td><td>**A**</td><td>フルペイアウト方式によるファイナンス・リース契約においてユーザーについて倒産手続が開始した場合にリース業者が無催告解除できるとした特約の効力について説明しなさい。</td></tr>
</table>

9.　　目的物についての所有権は，代金完済という条件付きではあれ，既に買主に移転
しており，売主にはもはや履行すべき積極的義務が残っていないこと，逆に売主の
破産において破産管財人の解除権行使によって買主の条件付所有権を失わせるのが
不当であること等を考えれば，双方未履行双務契約性を否定すべきであり，破産法
53条1項は適用されないと考えられている。
　　もっとも，売主に登記・登録義務が残っている場合（代金完済時に初めて売主が
登記・登録を買主に移転する旨の契約内容の場合等）には，売主の積極的義務履行
が残っているため，かかる義務と残代金支払債務にはいまだ牽連関係が認められ，
破産法53条が適用されるものと考えられている。

10.　　判例（最判昭56.12.22）は破産法53条の適用ないし類推適用は否定すべきであ
るとしている。
　　∵買主の負担する債務は売買とは別個の原因によって生じた求償債務であり，他
方，売買代金が完済されることにより，所有権は完全に買主に移転し，売主は
義務を負わない。
　　売主に留保された登録は，求償債務を担保する担保権の対抗要件に過ぎないと
見るべきである。

11.　　判例（最判平7.4.14）は，フルペイアウト方式（そのユーザーに物件の価値が
全て使われてしまう）のファイナンス・リース契約については，各月の物件の使用
と各月のリース料は対価関係に立つものではなく，双方未履行双務契約ではないと
した。
　　∵この契約を賃貸借契約と考える見解もあるが，フルペイアウト方式のファイナ
ンス・リース契約の実質は金融にあり，リース料は契約締結時に全額発生して
いることから，リース業者は，リース料支払債務と対価牽連性のある未履行債
務を負担しておらず，双方未履行双務契約には当たらない。リース会社は，賃
貸借というよりも，ユーザーが目的物を取得するための資金を貸し付け，その
担保として目的物の所有権を有しており，リース会社は目的物所有権留保権者
類似の地位を得ているといえる。

12.　　判例（最判平20.12.16）は，民事再生手続事件であるが，このような契約は担
保としての意義を有するにとどまるリース物件を，一債権者と債務者との間の事前
の合意により，民事再生手続開始前に債務者の責任財産から逸出させ，民事再生手
続の中で債務者の事業等におけるリース物件の必要性に応じた対応をする機会を失
わせることを認めることにほかならないから，民事再生手続の趣旨・目的に反する
ものとして無効としている。

☐ ／
☐ ／　13.　**A**　　注文者が破産した場合の双方未履行双務契約の処理に
☐ ／　　　　　　　ついて条文を指摘しつつ説明しなさい。

☐ ／
☐ ／　14.　**A**　　請負人が破産した場合の双方未履行双務契約の処理に
☐ ／　　　　　　　ついて条文を指摘しつつ説明しなさい。

第2章　係属中の手続関係の整理

☐ ／
☐ ／　1.　**A**　　破産財団に関する訴訟が係属中に，いずれかの当事者
☐ ／　　　　　　　に対して破産手続が開始された場合の処理について条文
　　　　　　　　　を指摘しつつ説明しなさい。

☐ ／
☐ ／　2.　**A**　　債権者代位訴訟や詐害行為取消訴訟の係属中に債務者
☐ ／　　　　　　　に対して破産手続開始決定がされた場合の処理について
　　　　　　　　　条文を指摘しつつ説明しなさい。

13. 注文者の破産管財人・請負人双方について契約を解除することが認められる（民法642条1項本文）。もっとも，仕事完成後は，請負人による契約の解除はできない（同項ただし書）。

既にした仕事の報酬と費用は，破産債権となる（同条2項）。破産管財人が契約を解除した場合，請負人は損害賠償を破産債権として請求できる（同条3項）。

なお，破産管財人による履行の選択があった後は，もはや民法642条による解除を主張することができず，請負人の仕事が完成した後に注文者が破産した場合には，同条の規定による解除の余地はないとするのが裁判例（東京地判平12.2.24）である。既に（一部）完成した部分については，解除の効力は将来に向かって生じ，破産財団に帰属するものとされている。破産財団中に請負人の仕事の結果である出来高が存在する場合であって，これが請負人の所有となる場合は，請負人は取戻権を行使できる（破62条）。

履行を選択した場合には，請負人の義務は，仕事の完成により初めて報酬を請求できるという意味で不可分なものであるから，請負人の報酬債権は，破産手続開始前の仕事に相当する部分も含めて全額につき財団債権（破148条1項4号又は7号の類推適用）となるものと考えられている（ただし，破産手続開始前の仕事に相当する部分については，破産債権と解する考え方も有力である）。完成した目的物は破産財団に帰属する（最判昭53.6.23）。

14. 判例（最判昭62.11.26）は，当該請負契約の目的である仕事が破産者以外の者において完成することができない性質のものであるため，破産管財人において履行か解除を選択する余地がないときでない限り，請負人の破産の場合にも破産法53条が適用されるものとしている。

※解除が選択された場合，出来高部分を控除した注文者の前払金返還請求権については，前払金返還請求権と対価関係に立つ破産財団の原状回復請求権が存在しないことから，財団債権とならないという見解があるものの，管財人によって一方的に解除されることとの均衡を図った破産法54条2項の趣旨に鑑み，財団債権となると考えられている。

履行を選択した場合には，報酬債権は破産財団に帰属し，仕事完成債務の履行請求権は財団債権となる（破148条1項7号）。

第2章　係属中の手続関係の整理

1. 訴訟手続は中断する（破44条1項）。

2. 訴訟手続は中断する（破45条1項）。

□　/
□　/　　3.　**A**　　強制執行が係属中に破産手続が開始された場合の処理
□　/　　　　　　　　について条文を指摘しつつ説明しなさい。

第6編　破産者に対する権利

第1章　破産債権

□　/
□　/　　1.　**A**　　破産債権について条文を指摘しつつ説明しなさい。
□　/

□　/
□　/　　2.　**A**　　破産債権の現在化について条文を指摘しつつ説明しな
□　/　　　　　　　　さい。

□　/
□　/　　3.　**B**　　既に金額が確定されている金銭債権の破産手続におけ
□　/　　　　　　　　る金額の確定について条文を指摘しつつ説明しなさい。

□　/
□　/　　4.　**B**　　金額不確定の債権や，外国通貨金銭債権・非金銭債権
□　/　　　　　　　　の破産手続における金銭化について条文を指摘しつつ説
□　　　　　　　　　　明しなさい。

□　/
□　/　　5.　**B**　　定期金債権の破産手続における金額の確定について条
□　/　　　　　　　　文を指摘しつつ説明しなさい。

□　/
□　/　　6.　**B**　　条件付債権・将来の請求権の破産手続における金額の
□　/　　　　　　　　確定について条文を指摘しつつ説明しなさい。

3.　　　個別の強制執行手続は禁止・失効する（破42条1項2項本文）。

第6編　破産者に対する権利

第1章　破産債権

1.　　　破産者に対して破産手続開始前の原因に基づいて生じた財産上の請求権であって，財団債権に該当しないもの（破2条5項）。

2.　　　破産手続開始までに弁済期が到来していない期限付債権は，破産手続開始と同時に弁済期が到来したものとみなされる（破103条3項）。
　　　　※現在化の趣旨は，清算を目的とする破産手続の迅速性を図る点にある。現在化は，破産手続を進めるためのものだから，例えば破産債権の連帯保証人など，破産手続外にはその効果が及ばない。

3.　　　破産手続開始時に既に弁済期が到来している債権については，実体法上の債権額（元本額・利息などの合計）が破産債権の額となる（破103条2項2号）。
　　　　もっとも，破産手続開始後に弁済期が到来する利息などは，劣後的破産債権とされる（破97条1号，99条1号）。

4.　　　破産債権者が破産債権の届出に際し，金額評価額を合わせて届け出ることから，その評価額が債権調査を経て確定されることで実現する（破103条2項1号イ，ロ）。

5.　　　金額又は存続期間が不確定である場合，これを評価して届け出ることが要求される（破103条2項1号ハ）。

6.　　　破産債権としては，無条件の債権と同じ額が破産債権となる（破103条4項）。

□	/	7. **A**	退任取締役への退職慰労金の支給に関する議案が株主総会において決議され，具体的な金額・支払の時期・方法などは内規の範囲内で取締役会の協議に一任する旨の決議がなされたが，取締役会で支給決議が行われなかった場合，退職慰労金債権が発生し，これが破産債権となるかについて説明しなさい。
□	/		
□	/		

□	/	8. **A**	停止条件付債権及び将来の請求権についての配当について，条文を指摘しつつ説明しなさい。
□	/		
□	/		

□	/	9. **A**	停止条件付の破産債権者の相殺権の行使について，条文を指摘しつつ説明しなさい。
□	/		
□	/		

□	/	10. **A**	破産債権の行使方法について，条文を指摘しつつ説明しなさい。
□	/		
□	/		

□	/	11. **A**	破産者が自由財産から破産債権に対して任意に弁済することができるかについて説明しなさい。
□	/		
□	/		

□	/	12. **A**	破産債権の順位について条文を指摘しつつ説明しなさい。
□	/		
□	/		

□	/	13. **A**	優先債権について，条文を指摘しつつ説明しなさい。
□	/		
□	/		

7.　裁判例（東京高判平12.6.21）は，会社の内規等に退職慰労金の額を算定する基準が定められていたとしても，取締役会に退職慰労金の額等の決定を一任する旨の株主総会によってただちに，退任取締役の会社に対する退職慰労金請求権が発生するわけではなく，株主総会の決議にとどまる段階では破産債権とは認められず，破産法103条4項の条件付債権又は将来の請求権と評価できる段階にまでは至っていないとしている。

8.　停止条件付債権及び将来の請求権は，条件成就が未確定の間は，配当が行われない。中間配当の場面では，配当額は寄託される（破214条1項4号）。最後配当においては，除斥期間内に条件が成就しない時は，その債権者は配当から除斥され（破198条2項），寄託分は他の破産債権者への配当に回される（破214条3項）。

9.　条件未成就の場合の相殺権の行使は認めないが，後日条件が成就した場合の相殺権の行使のために，破産財団に対する債務の弁済金を寄託しておくように破産債権者が破産管財人に請求できることになっている（破70条前段）。
　　※ここでいう「寄託」とは，当該停止条件の成就を解除条件とする弁済という意味合いで行われるものであり，この寄託金についても，最後配当のための除斥期間内に条件が成就しなければ，他の破産債権者への配当財源とされる。条件が成就した場合には，弁済が遡及的に無効となり，寄託額については破産債権者に返還されるべきものとなる。他方で，上記弁済の無効により債務が復活し，これらが相殺されることになる。

10.　破産債権は破産手続によらなければ行使することができない（破100条1項）。破産管財人が破産財団から任意に弁済することも許されない。ただし，破産管財人からの相殺の許可（破102条）について，例外が定められている。

11.　判例（最判平18.1.23）は，任意に弁済をすることは妨げられないものの，弁済の任意性は厳格に判断されるべきであって，少しでも強制的な要素を伴う場合には，任意の弁済に当たらないとしている。

12.　①優先的破産債権
　　②一般の破産債権
　　③劣後的破産債権
　　④約定劣後破産債権という順位がある（破194条1項）。

13.　破産財団に属する財産につき，一般の先取特権その他一般の優先権がある破産債権は，他の破産債権に優先する（破98条1項）。

☐ ___/___	**14.** **B**	劣後的破産債権について条文を指摘しつつ説明しなさ
☐ ___/___		い。
☐ ___/___		

☐ ___/___	**15.** **B**	約定劣後破産債権について説明しなさい。
☐ ___/___		
☐ ___/___		

☐ ___/___	**16.** **B**	子会社が破産した場合，当該子会社の破綻の原因とな
☐ ___/___		った親会社の債権について，一般の破産債権に劣後して
☐ ___/___		扱うことができるかについて説明しなさい。

☐ ___/___	**17.** **A**	数人の全部義務者（連帯債務や連帯保証債務等）が破
☐ ___/___		産した場合について条文を指摘しつつ説明しなさい。
☐ ___/___		

☐ ___/___	**18.** **A**	連帯債務者など，数人の全部義務者のうち，一部又は
☐ ___/___		全部が破産すると，連帯債務者間の将来の求償権はどの
☐ ___/___		ように扱われるかについて条文を指摘しつつ説明しなさ
		い。

☐ ___/___	**19.** **A**	保証人の破産における権利行使について条文を指摘し
☐ ___/___		つつ説明しなさい。
☐ ___/___		

14. 一般の破産債権に後れるものをいい，破産法99条1項に代表的なものが掲げられている。

15. 破産債権者と破産者の間において，破産手続開始前に，配当の順位が劣後的破産債権に後れる旨の合意がされた債権。

16. 法令に破産法194条1項の例外を認める規定がないことから，このような扱いは原則として否定される（東京地判平3.12.16）。

　もっとも，個別具体的な事案に応じ，破産債権の届出が著しく信義にもとると評価できるような特段の事情の存する場合には，信義則上債権の届出は許されないと解する余地がある（広島地判平10.3.6参照）。

17. 数人の全部義務者がある場合，その全員又は一部が破産手続開始決定を受けたときは，債権者はそれぞれの破産手続について，破産手続開始決定時点での債権全額について，破産手続に参加できる（破104条1項，開始時現存額主義）。一度開始時現存額での届出をすれば，後に他の全部義務者が債権の一部を弁済したとしても，開始時現存額のまま，破産手続を進行してよい。しかし，全額の弁済がされ，破産債権が消滅した場合は別となる（破104条2項）。

　※104条以下の規律は，共同債務関係において一人の債務者の破産によって債権者の利益を損なうことを防止するとともに，当該債権者の破産債権行使によって他の破産債権者が不当な不利益を受けることのないような規律となっている。

18. 将来の請求権だから，破産債権者として破産手続に参加できる（破103条4項）とも思われるし，法もそれを認めている（破103条3項本文）。全部義務者が数人ある場合の求償権による破産手続への参加は，債権者が破産手続に参加したときには，認められない（破104条3項ただし書）。

　破産手続開始後に債権者に対して弁済をして，いわば求償権が現実化した場合でも，（破産手続開始決定時点での）将来の求償権により破産手続へ参加をするには債権の全額が消滅する必要があるし，破産手続への参加は求償権の範囲に限られる（破104条4項）。

　物上保証人が破産手続開始後に債権者に弁済等をした場合には破産法104条2項が，物上保証人が求償権を有する場合には同条3項4項が準用される（破104条5項）。

19. 保証人が破産手続開始決定を受けたときには，債権者は破産手続開始時点における債権全額について破産債権者として権利を行使できる（破105条）。

☐ ／
☐ ／
☐ ／ **20. A** 債権者の有する複数口の債権について全部義務関係が成立し，その複数の債権のうちの一部の口の債権が全部弁済された場合にも開始時現存額主義が適用になるかについて説明しなさい。

☐ ／
☐ ／
☐ ／ **21. A** 開始時現存額主義を貫くと，例えば債権者が破産手続に参加した後に，他の全部義務者が一部弁済等をした場合，債権者はその債権全額が消滅しない限り手続開始時の債権額をもって権利行使を継続でき，配当額も手続開始時の債権額を基準に算出されるため，他の全部義務者からの弁済額等を控除した実体法上の残債権額を上回る配当額が定まることがあり得る。この超過部分の処理について説明しなさい。

第2章 財団債権

☐ ／
☐ ／
☐ ／ **1. A** 財団債権について条文を指摘しつつ説明しなさい。

☐ ／
☐ ／
☐ ／ **2. A** 一般の財団債権について定めた条文について説明しなさい。

☐ ／
☐ ／
☐ ／ **3. A** 特別の財団債権について重要な条文を2つ説明しなさい。

☐ ／
☐ ／
☐ ／ **4. A** 破産財団不足の場合の財団債権の弁済方法について条文を指摘しつつ説明しなさい。

20. 判例（最判平22.3.16）は，開始時現存額主義の趣旨は，あくまで弁済等にかかる当該破産債権について妥当するものであること，破産法104条1項の文言としても，「破産債権者の有する総債権」とは規定されていないことなどからして，破産法104条にいう「債権の全額」とは，弁済等にかかる当該破産債権の全額を意味するものとし，複数の債権のうちの一部の口の債権が全部弁済された場合には開始時現存額主義が適用されないとしている。

21. 判例（最決平29.9.12）は，破産法104条1項2項は，債権者が実体法上の債権額を超過する額の配当を受けるという事態が生じうることを許容していると解されることや，破産法104条3項ただし書によれば，債権の一部を弁済した求償権者が，当該債権について超過部分が生ずる場合に配当の手続に参加する趣旨で予備的にその求償権を破産債権として届け出ることはできないと解されること，破産法104条4項によれば，債権者が配当を受けて初めて債権の全額が消滅する場合，求償権者は当該配当の段階においては，債権者が有した権利を破産債権者として行使することができないことなどを理由に，債権者に対する配当を認め，その後の処理は債権者と求償権者との間の不当利得返還請求に委ねるとした。

第2章 財団債権

1. 破産手続によらないで破産財団から随時弁済を受けることができる債権（破2条7項）。
   ※①破産手続自体を進める上で必要な費用や，破産手続の過程で発生する債権や②破産手続で要請される債権者平等の理念よりも，個別の債権の弁済が必要だと判断する場合に財団債権とすべきとされている。

2. 破産法148条。
   ※例えば，特に破産財団に関し破産管財人がした行為によって生じた請求権（破148条1項4号），破産法53条1項の規定により破産管財人が債務の履行をする場合において相手方が有する請求権（同項7号），破産手続の開始によって双務契約の解約の申入れがなされた場合において，破産手続開始後その契約の終了に至るまでの間に生じた請求権（同項8号）などが挙げられる。

3. ①破産管財人が双方未履行双務契約を解除した場合の相手方の反対給付価額返還請求権（破54条2項後段）。
   ②使用人の給料等支払請求権（破149条）。

4. 破産財団を全て用いても，財団債権を全て弁済することができない場合は，未弁済額に応じた平等弁済がされる。このとき，特定の担保権以外の法令の定める優先権は考慮されない（破152条1項）。

□ ___/___ 5.　**A**　財団債権について第三者が弁済した場合に，その第三
□ ___/___ 　　　　　　者が取得した求償権について，財団債権として行使する
□ ___/___ 　　　　　　ことができるかについて説明しなさい。

第3章　取戻権

□ ___/___ 1.　**B**　取戻権について条文を指摘しつつ説明しなさい。
□ ___/___
□ ___/___

□ ___/___ 2.　**A**　一般の取戻権について説明しなさい。
□ ___/___
□ ___/___

□ ___/___ 3.　**B**　財産分与請求権（民法768条，771条）が取戻権となる
□ ___/___ 　　　　　　かについて説明しなさい。
□ ___/___

□ ___/___ 4.　**B**　特別の取戻権について条文を指摘しつつ説明しなさい。
□ ___/___
□ ___/___

□ ___/___ 5.　**B**　代償的取戻権について条文を指摘しつつ説明しなさい。
□ ___/___
□ ___/___

5.　　判例（最判平23.11.22）は，弁済による代位について，原債権は求償権を確保するための一種の担保であると述べた上で，求償権を実体法上行使し得る限り，これを確保するために原債権を行使することができ，求償権の行使が倒産手続による制約を受けたとしても，原債権の行使が求償権と同様の制約を受けるものではないとして，原債権たる財団債権の行使を認めている。

　　※なお，これは，民事再生手続における共益債権にもあてはまる（最判平23.11.24）。

第3章　取戻権

1.　　ある目的物について，破産財団に属さないことを主張する権利（破62条）。

2.　　第三者の実体法上の権利として認められる取戻権。

　　※所有権であるが，占有権，占有を伴う担保権，用益権，目的物返還請求権，債権的請求権（破産者が転借していた物について，転貸人が転貸借の終了を理由として取戻権を主張する場合・賃貸人自身が賃貸借契約終了を理由として取戻権を主張する場合など）も含まれ得る。

3.　　財産分与請求権は，慰謝料・扶養・夫婦共有財産の清算という側面があるが，前二者に当たる部分については取戻権ではなく破産債権となり，夫婦共有財産の清算という側面の部分のみ取戻権と認められるものと一般に考えられている。

4.　　破産法に基づく取戻権。売主の取戻権（破63条1項），問屋の取戻権（同条3項）が法定されている。

5.　　破産者等が破産手続開始前に取戻権の目的である財産を譲り渡した場合には，当該財産について取戻権を有する者は，反対給付の請求権の移転を請求することができる（破64条1項）。破産管財人が反対給付を受けた時は，取戻権を有する者は，破産管財人が反対給付として受けた財産の給付を請求することができる（破64条2項）。

第4章　別除権

□ ／
□ ／　　1.　**A**　別除権について条文を指摘しつつ説明しなさい。
□ ／

□ ／
□ ／　　2.　**B**　手形上の商事留置権の破産手続開始決定後の留置的効
□ ／　　　　　　力について説明しなさい。

□ ／
□ ／　　3.　**A**　民事再生手続において，再生債務者から取立委任を受
□ ／　　　　　　けた約束手形につき商事留置権を有する銀行は，再生手
　　　　　　　　続開始後の取立てにかかる取立金を，法定の手続によら
　　　　　　　　ずに再生債務者の債務の弁済に充当しうる旨を定める銀
　　　　　　　　行取引約定に基づき，再生債務者の債務の弁済に充当す
　　　　　　　　ることができるかについて説明しなさい。

□ ／
□ ／　　4.　**B**　破産により特別先取特権とされる商事留置権と他の担
□ ／　　　　　　保権との優劣について説明しなさい。

□ ／
□ ／　　5.　**A**　別除権の行使方法について条文を指摘しつつ説明しな
□ ／　　　　　　さい。

□ ／
□ ／　　6.　**A**　不足額責任主義について条文を指摘しつつ説明しなさ
□ ／　　　　　　い。

第4章　別除権

1.　　破産手続開始の時において破産財団に属する財産につき特別の先取特権，質権又は抵当権を有する者がこれらの権利の目的である財産について破産法65条1項の規定により行使することができる権利をいう（破2条9項）。商事留置権は，特別の先取特権とみなされ，別除権として扱われる（破66条1項）が，その地位は他の特別の先取特権に後れる（破66条2項）。
　　※民事留置権は破産財団に対しては効力を失う（破66条3項）。

2.　　判例（最判平10.7.14）は，留置的効力を否定する明文の規定がないこと等から，破産手続開始決定後の留置的効力を認め，破産管財人からの手形の返還請求を拒むことができるとしている。

3.　　判例（最判平23.12.15）は，留置権による競売（民事執行法195条）は留置権の本質的効力を否定する趣旨ではないので，銀行が留置している手形を取り立てたとしても，その取立金を銀行が留置できるとしている。そのうえで，手形の取立金について法定の手続によらず債務の弁済に充当しうる旨の銀行取引約定も別除権の行使に付随する合意として有効であるとして，弁済充当まで認めている。
　　※補足意見では，取立委任を受けている銀行は，再生手続開始後の取立による取立金返還債務と再生債務者に対する債権との相殺をすることが民事再生法93条1項に抵触する可能性があり，取立金に対して留置的効力を認めなければ，銀行は代償なしに担保権を失うことになること等を理由として，上記銀行取引約定の有効性を肯定している。

4.　　裁判例（東京高決平10.11.27）は，担保物権の法理により解決すべきとして，根抵当権の登記と商事留置権の成立の先後によって優劣を決すべきとした。

5.　　破産手続によらずに行使することができる（破65条1項）。
　　※当事者の約定による任意処分も認められる。

6.　　破産債権の行使によって被担保債権の満足を受けるのは，別除権の行使によって満足を受けられない部分に限られる（破108条1項）。

□ ___/___	7. **B**	別除権の行使によって満足を受けられない部分につい
□ ___/___		て破産債権として行使しようとする場合について条文を
□ ___/___		指摘しつつ説明しなさい。

□ ___/___	8. **A**	破産財団から放棄された財産を目的とする別除権の放
□ ___/___		棄をする相手方が誰になるかについて説明しなさい。
□ ___/___		

□ ___/___	9. **A**	破産手続開始決定後に動産売買先取特権による物上代
□ ___/___		位を行使できるかについて説明しなさい。
□ ___/___		

7.　　破産債権全体の届出に加えて，あらかじめ<u>予定不足額</u>を見積もってそれを届け出
　　ることになる（破111条1項，2項）。破産債権は不足額を基準として行使される。
　　配当除斥期間内に別除権者が目的物の処分に着手したことを証明し，不足額を疎明
　　しなければ別除権者は<u>配当から除斥</u>される（破210条1項）。疎明がされても，配
　　当は不足額が確定するまで寄託される（破214条1項3号）。最後配当についての
　　除斥期間内に不足額の証明がされない場合は，別除権者は配当から除斥され，寄託
　　された配当金は他の破産債権者に配当される（破198条3項，214条3項）。

8.　　判例（最決平16.10.1）は，まず破産財団から放棄された財産を目的とする別除
　　権者が放棄の意思表示をする相手方は<u>破産者</u>であるとし，破産者が株式会社である
　　場合には，<u>清算人</u>に対して行われるべきであるとした。

9.　　判例（最判昭59.2.2）は，<u>行使できる</u>としている。
　　∵差押えは物上代位の対象である債権の特定性の維持にあることから，一般債権
　　　者が目的債権に対する差押命令を取得したのみでは，先取特権者が物上代位権
　　　を行使することは妨げられないところ，破産手続開始決定は差押えと同視でき
　　　る。

□ ／
□ ／　　　**10.　A**　　所有権留保による留保所有権が取戻権となるか，別除
□ ／　　　権となるかについて説明しなさい。

10.　民事再生法の事案であるが，判例（最判平22.6.4）は，自動車の留保所有権が別除権として行使されることを前提としつつ，販売会社，信販会社及び購入者の三者間において，販売会社に売買代金残額の立替払をした信販会社が，販売会社に留保された自動車の所有権について，売買代金残額相当の立替金債権に加えて手数料債権を担保するため，販売会社から代位によらずに移転を受け，これを留保する旨の合意がされたが，信販会社が購入者にかかる再生手続が開始した時点で当該自動車につき所有者としての登録を受けていない場合（販売会社に登録が残っている場合），一般債権者と別除権者との衡平を図るためには再生手続の開始時点で特定の担保権について登記・登録が必要であること（民再45条参照）を理由に，信販会社は留保所有権を行使できないと判断している。

　　もっとも，別の判例（最判平29.12.7）は，「自動車の購入者と販売会社との間で当該自動車の所有権が売買代金債権を担保するため販売会社に留保される旨の合意がされ，売買代金債務の保証人が販売会社に対し保証債務の履行として売買代金残額を支払った後，購入者の破産手続が開始した場合において，その開始の時点で当該自動車につき販売会社を所有者とする登録がされているときは，保証人は，上記合意に基づき留保された所有権を別除権として行使することができるものと解するのが相当である」と判示している。その理由として，「保証人は，主債務である売買代金債務の弁済をするについて正当な利益を有しており，代位弁済によって購入者に対して取得する求償権を確保するために，弁済によって消滅するはずの販売会社の購入者に対する売買代金債権及びこれを担保するため留保された所有権（以下「留保所有権」という。）を法律上当然に取得し，求償権の範囲内で売買代金債権及び留保所有権を行使することが認められている（民法500条，501条）。そして，購入者の破産手続開始の時点において販売会社を所有者とする登録がされている自動車については，所有権が留保されていることは予測し得るというべきであるから，留保所有権の存在を前提として破産財団が構成されることによって，破産債権者に対する不測の影響が生ずることはない。そうすると，保証人は，自動車につき保証人を所有者とする登録なくして，販売会社から法定代位により取得した留保所有権を別除権として行使することができるものというべきである。」としている。

　　※上記二つの判例の関係性が問題となるが，最判平22.6.4が，信販会社の所有権取得が販売会社，信販会社及び購入者の三者間の合意で，かつ，手数料債権を担保するという内容も含む形でなされたというものであるのに対して，最判平29.12.7は，法定代位が成立する事案であり，留保所有権の行使主体が変わっただけと考えることができるため，民法上，随伴性に基づく担保権移転につき独自の対抗要件具備が不要と解されていることからも，前者の射程が後者には及ばないものとされている。

　　※別除権の実行方法として目的物の引渡しや，留保所有権者による処分が認められるならば，取戻権を認めることと差が生じない。

☐ ／
☐ ／
☐ ／

11. **A** 所有権留保売買が破産法53条にいう双方未履行双務契約になるかについて説明しなさい。

☐ ／
☐ ／
☐ ／

12. **A** 所有権留保契約による留保所有権の実行方法について説明しなさい。

☐ ／
☐ ／
☐ ／

13. **A** 譲渡担保権者の破産手続における地位について説明しなさい。

☐ ／
☐ ／
☐ ／

14. **B** 倒産手続との関係において，集合動産譲渡担保契約の設定者について倒産手続が開始された場合に，担保権の効力はその後に集合物の範囲に流入した動産にも及ぶのかについて説明しなさい。

☐ ／
☐ ／
☐ ／

15. **B** 集合債権譲渡担保の設定者が倒産手続に入った後に担保権の対象となり得る新たな債権が生じた場合について，当該債権に譲渡担保権の効力が及ぶかについて説明しなさい。

☐ ／
☐ ／
☐ ／

16. **B** 集合債権譲渡担保についての債権譲渡通知が民事再生法31条の担保権実行手続中止命令の対象となるかについて説明しなさい。

11. 　既に売主は留保所有権を残すのみであり，所有権は買主が取得していると考える限り売主に未履行債務がないから，双方未履行双務契約ではないと考えられている（東京地判平18.3.28参照）。

　　※もっとも，代金完済時において登記や登録を買主に移転する旨の契約内容の場合には，売主の義務が残っていると考えられるため，双方未履行契約と考える説も有力である。

12. 　約定に基づく売買契約の解除，又は特約を根拠に留保買主から目的物の引渡しを受けること，さらに売主は目的物を評価し，評価額が被担保債権（代金債権のうち，引渡し時点での残額）を上回る場合は差額（清算金）を買主に交付する。下回った場合は不足額を買主に請求する。

13. 　別除権者となる。

　　∵譲渡担保権とでもいうべき担保権が所有権という形式で担保権者に帰属している。

　　※別除権の行使（破185条1項）として目的物の取戻しも認められるが，目的物について担保権消滅許可（破186条以下）の対象になることなど，取戻権との違いも存在する。

　　また，動産譲渡担保権設定者に破産手続開始決定がなされた場合であっても，譲渡担保権者は，譲渡担保に基づく物上代位権の行使をすることができるとする判例（最決平11.5.17）がある。

14. 　譲渡担保の実行又は設定者に対する倒産手続開始によって譲渡担保の目的物は複数の個別財産に固定化され，その後に設定者が取得する動産は，たとえ集合物の範囲に流入されたとしても，譲渡担保の効力が及ばないとされている（通説。ただし，有力な反対説もある）。

15. 　①手続開始後に生じた新たな債権についても倒産手続の開始前に債権譲渡が確定的になされていたと考え，当該債権譲渡に対して，倒産手続が開始されたとしても譲渡担保権の効力が及ぶとする考え方と，②譲渡担保の目的物が将来債権であることと譲渡担保権の実行後に発生する将来債権に譲渡担保の効力が及ぶかは別であり，手続開始後の将来債権がすべて譲渡されているものではないとする考え方がある。

16. 　裁判例（大阪高決平21.6.3）は，担保権実行手続中止命令は，担保権の実行により再生債務者の事業に不可欠な財産が失われて事業再生が困難となり，再生債権者の一般の利益に反する事態が起こりうることを想定し，担保権の実行を一次的に中止し，再生債務者と担保権者との間で被担保債権の弁済方法等を協議し，利害の調整を図ることを目的としており，これは譲渡担保権にもあてはまるとして，これを肯定している。

第5章　相殺

```
□ ／   1.   A   相殺の担保的機能について説明しなさい。
□ ／
□ ／
```

```
□ ／   2.   A   破産手続における相殺の原則的規定について説明しな
□ ／           さい。
□ ／
```

```
□ ／   3.   B   いわゆる三者間相殺（破産者に対して債務を負担する
□ ／           者が，他人の破産債権を自働債権としてする相殺）が認
□ ／           められるかについて説明しなさい。
```

```
□ ／   4.   A   破産管財人が破産財団所属の債権を自働債権とし，破
□ ／           産債権を受働債権とすることは認められるかについて説
□ ／           明しなさい。
```

```
□ ／   5.   A   破産債権と自由財産所属債権との相殺が認められるか
□ ／           について説明しなさい。
□ ／
```

```
□ ／   6.   A   財団債権と破産財団所属債権との相殺が認められるか
□ ／           について説明しなさい。
□ ／
```

第5章　相殺

1. 　互いに相殺が可能な債権債務を持ち合っている場合，相手方が任意に弁済しないとしても，相殺の意思表示をすれば，自らの債務を対当額において免れることができる，換言すれば，相殺適状にあれば，強制執行などの手間と費用をかけずに債権を回収したのと同じ状態を作ることができる。

2. 　破産債権者は，破産手続開始の時において破産者に対して債務を負担するときは，破産手続によらないで，相殺をすることができる（破67条1項）。
　破産債権者の有する債権が破産手続開始の時において期限付若しくは解除条件付であるとき，又は破産法103条2項1号に掲げるものであるときでも，破産債権者が前項の規定により相殺をすることを妨げない。破産債権者の負担する債務が期限付若しくは条件付であるとき，又は将来の請求権に関するものであるときも，同様とする（破67条2項）。

3. 　判例（最判平28.7.8）は，民事再生の事案ではあるが，上記のような三者間相殺の合意が予め当事者間でされていた事案において，①民事再生法92条1項（破産法では67条1項）は民法505条1項本文の規定する「2人が互いに債務を負担する」との要件を採用していると読めること，②それゆえ，上記のような三者間相殺は認められず，再生債権者間の公平・平等な扱いという再生手続の基本原則を没却するものであること，③このことは予めそのような相殺の合意が当事者間でされていたとしても同様であるなどとして，上記のような三者間相殺を否定している。

4. 　原則として認められないが，①破産債権者の一般の利益に適合すること，②裁判所の許可を得ることを要件に，破産管財人による相殺権の行使が認められる（破102条）。

5. 　破産債権者からの相殺は，固定主義（破34条1項），個別的権利行使禁止（破100条）の趣旨から自由財産に強制執行できないのと同様に，破産手続中は許されない。
　破産者からの相殺は，自由財産の処分であり，破産手続による制限を受けない。

6. 　財団債権は，破産手続によらないで弁済を受ける権利であるから，財団債権者及び破産管財人のいずれからも，民法の一般原則によって相殺できると解されている。ただし，財団不足の場合は制限あり（破152条準用）。

□ / 7. **B** 財団債権と自由財産所属債権との相殺が認められるか
□ / について説明しなさい。
□ /

□ / 8. **A** 破産債権者の債権が停止条件付債権の場合において，
□ / 破産手続中に停止条件が成就した場合に破産債権者が相
□ / 殺をすることができるかについて説明しなさい。

□ / 9. **A** 債権者は，破産財団に対する債務を弁済する際に，停
□ / 止条件が成就した場合に相殺ができるようにするため，
□ / 弁済額の寄託を請求できる（破70条前段）が，この法律
構成について説明しなさい。

□ / 10. **A** 破産手続における破産債権者の相殺制限とその制限の
□ / 解除について，条文を指摘しつつ説明しなさい。
□ /

7. 　財団債権について破産者が責任を負うことはないと解されるから，財団債権者と破産者との間に債権の対立はなく，財団債権者側からの相殺は認められないと一般に考えられている。
　　破産者側からの相殺は，破産財団の利益のためにする第三者の弁済（民法474条1項）に準じるものとして認められると一般に考えられている。

8. 　判例（最判平17.1.17）は破産手続においては破産債権者による相殺権の行使時期について制限が設けられていないことから，期限到来後の相殺も，停止条件成就後の相殺も特段の事情なき限り可能であるとしている。
　　※特段の事情としては，条件成就前に受働債権の金額が未確定の場合や相殺権の濫用に当たる場合等が考えられる。

9. 　債務を消滅させる行為である弁済について，反対債権に付された停止条件成就が解除条件となっているとされる。反対債権に付された停止条件が成就すると，反対債権が発生することに加え，当初の弁済が解除条件の成就によって効力を失う。そうすると弁済によって消滅した債権が復活し，破産債権者は停止条件成就によって得た債権を自働債権，復活した破産財団の債権を受働債権として相殺をすることができる。相殺がされると，破産財団の債権は消滅していることになるから，供託金は破産管財人の不当利得となるため，これが返還される（財団債権・破148条1項5号）。

10. ①破産債権者は，次に掲げる場合には，相殺をすることができない（破71条1項）。
　　一　破産手続開始後に破産財団に対して債務を負担したとき。
　　二　支払不能になった後に契約によって負担する債務を専ら破産債権をもってする相殺に供する目的で破産者の財産の処分を内容とする契約を破産者との間で締結し，又は破産者に対して債務を負担する者の債務を引き受けることを内容とする契約を締結することにより破産者に対して債務を負担した場合であって，当該契約の締結の当時，支払不能であったことを知っていたとき。
　　三　支払の停止があった後に破産者に対して債務を負担した場合であって，その負担の当時，支払の停止があったことを知っていたとき。ただし，当該支払の停止があった時において支払不能でなかったときは，この限りでない。
　　四　破産手続開始の申立てがあった後に破産者に対して債務を負担した場合であって，その負担の当時，破産手続開始の申立てがあったことを知っていたとき
　　②ただし，上記二〜四の場合は，以下の原因のいずれかに基づく場合には，相殺をすることができる（破71条2項）。
　　一　法定の原因
　　二　支払不能であったこと又は支払の停止若しくは破産手続開始の申立てがあったことを破産債権者が知った時より前に生じた原因
　　三　破産手続開始の申立てがあった時より1年以上前に生じた原因

□ ／
□ ／
□ ／ 　**11.** **A** 　破産手続における破産者に対して債務を負担する者の相殺制限とその制限の解除について，条文を指摘しつつ説明しなさい。

□ ／
□ ／
□ ／ 　**12.** **A** 　「前に生じた原因」（破71条2項2号，72条2項2号）について説明しなさい。

□ ／
□ ／
□ ／ 　**13.** **A** 　破産者から手形の取立てを委任され，裏書交付を受けた銀行が，支払停止又は破産申立てを知った後，破産手続開始決定前に取引約定に基づき手形を取り立てた場合に，銀行が行う相殺が許されるかについて説明しなさい。

□ ／
□ ／
□ ／ 　**14.** **A** 　銀行が，債務者の支払停止後破産手続開始決定前に買戻請求権を行使し，手形買戻代金債権を取得した場合，これを銀行が相殺できるかについて説明しなさい。

□ ／
□ ／
□ ／ 　**15.** **A** 　「専ら再生債権をもってする相殺に供する目的」（民再93条1項2号）の判断基準について説明しなさい。

□ ／
□ ／
□ ／ 　**16.** **A** 　相殺禁止規定に違反した相殺を有効とする合意の有効性について説明しなさい。

11. ①破産者に対して債務を負担する者は，次に掲げる場合には，相殺をすることができない（破72条1項）。
　一　破産手続開始後に他人の破産債権を取得したとき。
　二　支払不能になった後に破産債権を取得した場合であって，その取得の当時，支払不能であったことを知っていたとき。
　三　支払の停止があった後に破産債権を取得した場合であって，その取得の当時，支払の停止があったことを知っていたとき。ただし，当該支払の停止があった時において支払不能でなかったときは，この限りでない。
　四　破産手続開始の申立てがあった後に破産債権を取得した場合であって，その取得の当時，破産手続開始の申立てがあったことを知っていたとき。
②ただし，上記二～四の場合は，以下の原因のいずれかに基づく場合には，相殺をすることができる（破72条2項）。
　一　法定の原因
　二　支払不能であったこと又は支払の停止若しくは破産手続開始の申立てがあったことを破産者に対して債務を負担する者が知った時より前に生じた原因
　三　破産手続開始の申立てがあった時より1年以上前に生じた原因
　四　破産者に対して債務を負担する者と破産者との間の契約

12. 債務負担の原因に当たるというためには，具体的な相殺期待が生じる程度に直接的なものである必要がある。

13. 判例（最判昭63.10.18）は一連の銀行と破産者の行動が現行破産法71条2項2号の前に生じた原因に当たるとして，銀行のする相殺を認めている。

14. 判例（最判昭40.11.2）は，当該買戻請求権は，銀行が債務者から手形を受け取り，手形割引金を交付した行為を原因とするものであるから，前に生じた原因に当たるとして，銀行のする相殺を認めている。

15. ①財産処分契約と相殺の意思表示との時間的接着性②破産債権者が相殺権行使を確実にするための措置を講じていたか③財産処分契約が通常取引と乖離する程度（東京地判平21.11.10参照）。

16. 判例（最判昭52.12.6）は，相殺禁止は債権者間の実質的平等を図るための強行規定であるから，これを無効としている。

☐ ／
☐ ／ **17.** **A** 相殺権の濫用について説明しなさい。
☐ ／

☐ ／
☐ ／ **18.** **A** 無委託保証人が弁済をすると，民法の規定に従って主
☐ ／ たる債務者に対する求償権を取得する（民法459条の2，462条）ところ，自らに対する債権者の支払不能を察知した者が，その債権者に対する債務の保証人となり，債務を弁済することで事後求償権を得た場合，この事後求償権と自らの負っていた債務を相殺することができるかについて説明しなさい。

第6章　租税等の扱い

☐ ／
☐ ／ **1.** **B** 租税請求権の破産手続における扱いについて説明しな
☐ ／ さい。

第7編　破産債権の行使

第1章　破産手続の届出・調査・確定

☐ ／
☐ ／ **1.** **B** 破産債権の届出について条文を指摘しつつ説明しなさ
☐ ／ い。

17.　相殺権の行使が相殺禁止規定に直接抵触しない場合であっても，相殺を認めることが著しく信義則に反し，債権者相互間に不公平な結果を招来する等の特段の事情がある場合には，相殺権の行使が権利の濫用として許されない（大阪地判平元.9.14）。

　　※もっとも，判例（最判昭53.5.2）は，いわゆる同行相殺（銀行が手形割引により取得した手形上の請求権について，割引依頼人の預金返還債務とではなく，手形振出人の預金返還債務と相殺すること）について，その有効性を認め，相殺権の濫用を否定しており，相殺権濫用の場面を制限していると考えられている。

18.　判例（最判平24.5.28）は，まず求償権が破産債権であることを認定しつつ，無委託保証人は実質的に，相殺適状を作るために他人の債権をいわば自己に付け替えているにすぎないから，破産債権を破産手続開始後に譲り受けた場合に類似することを理由に，破産法72条1項1号を類推適用して，相殺を禁じている。

　　※もっとも，相殺権の濫用が認められるのは極めて例外的な場面であるとされている。判例（最判昭53.5.2）は，銀行が手形割引により取得した手形上の請求権について，割引依頼人の預金返還債務とではなく，手形振出人の預金返還債務と相殺をするといういわゆる同行相殺について，その有効性を認め，相殺権濫用論を否定したとされている。

第6章　租税等の扱い

1.　破産法148条1項3号により，破産手続開始前の原因に基づいて生じた租税等の請求権は財団債権となる。他方，破産法97条4号で，破産財団に関して破産手続開始後の原因に基づいた租税等の請求権は破産債権とされているが，租税等の請求権は劣後的破産債権とされ（破99条1項1号），通常は配当による満足は受けられない。また，租税等の請求権は非免責債権とされ（破253条1項1号），免責許可決定が確定しても，破産者はその責任を免れない。

第7編　破産債権の行使

第1章　破産手続の届出・調査・確定

1.　届出は，債権届出期間にされる必要がある（破111条1項柱書）。債権届出期間は破産手続と同時又は事後に裁判所によって定められる（破31条1項1号）。
　　破産債権者がその責めに帰することができない事由によって一般調査期間の経過又は一般調査期日の終了までに破産債権の届出をすることができなかった場合には，その事由が消滅した後1月以内に限り，その届出をすることができる（破112条1項）。

□ ／ 　2.　**B**　　届出破産債権に対する異議と時効更新効について説明
□ ／
□ ／ 　しなさい。

□ ／ 　3.　**B**　　破産債権の調査・確定手続の概要について条文を指摘
□ ／
□ ／ 　しつつ説明しなさい。

□ ／ 　4.　**B**　　破産法124条3項の「確定判決と同一の効力」の内容に
□ ／
□ ／ 　ついて説明しなさい。

□ ／ 　5.　**B**　　債権調査手続において破産管財人が否認したり，他の
□ ／ 　破産債権者が異議を述べた債権についての，破産債権確
□ ／ 　定手続について条文を指摘しつつ説明しなさい。

□ ／ 　6.　**B**　　有名義破産債権（異議等のある破産債権について，執
□ ／ 　行力ある債務名義又は終局判決が存在する場合）を争う
□ ／ 　訴訟手続について条文を指摘しつつ説明しなさい。

2. 判例（最判昭57.1.29）は，異議があっても破産債権届出の時効更新効には影響がないとしている（民法152条参照）。

3. 破産債権の届出を受けると，裁判所書記官が破産債権者表を作成する（破115条1項）。
債権調査は，債権調査期間における書面による調査を原則とし，破産管財人及び破産債権者などの利害関係人が認否書や書面による異議などの行為をすることになる（破116条1項）。
破産管財人は債権届出期間内に届け出られた債権については義務的にその認否を認否書に記載しなければならない（破117条1項）。
破産債権者も，他の破産債権者の債権について書面によって異議を述べることができる（破118条1項）。異議があった場合，裁判所書記官から，当該異議にかかる破産債権を有する破産債権者に対して異議があった旨が通知される（規39条2項）。
破産者も異議を述べることはできるが，破産者にとっては優先・劣後の有無や別除権の予定不足額には利害がないから，破産者が異議を述べることができるのは破産債権の額に限られる（破118条2項）。
⇩
債権調査において破産管財人から否認されず，他の債権者からも異議が述べられなかった債権は，その存在，額，優先権の有無などが確定する（破124条1項）。確定した事項について，破産債権者表に記載されると，破産債権者の全員に対して確定判決と同一の効力を有する（破124条3項）。

4. 既判力（民事訴訟法114条1項）と同一の効力を有する（通説）。
　※既判力とは異なる，配当及び議決権の関係のみで働く破産手続内の効力であるという考え方もある。これらの対立は，破産手続外において債権の存在や内容を争うことができるかという点において顕在化する。

5. 問題となる破産債権者の側から，①破産管財人や異議を述べた破産債権者（異議者等という）を相手方とする破産債権査定決定手続（破125条），②査定決定に対する不服申立方法としての異議の訴え（破126条），③破産手続開始時に係属している訴訟の債権確定訴訟としての受継（破127条），④有名義破産債権を争う訴訟手続（破129条）。

6. 異議者等は，破産者がすることができる訴訟手続によってのみ異議を主張することができる（破129条1項）。

第 2 章　破産財団の管理・換価

□ ＿／＿　**1.**　**B**　破産財団の管理の概要について条文を指摘しつつ説明
□ ＿／＿　しなさい。
□ ＿／＿

□ ＿／＿　**2.**　**B**　破産財団の換価の概要について条文を指摘しつつ説明
□ ＿／＿　しなさい。
□ ＿／＿

第 3 章　配当

□ ＿／＿　**1.**　**B**　中間配当について条文を指摘しつつ説明しなさい。
□ ＿／＿
□ ＿／＿

□ ＿／＿　**2.**　**A**　最後配当における打切主義について条文を指摘しつつ
□ ＿／＿　説明しなさい。
□ ＿／＿

□ ＿／＿　**3.**　**B**　簡易配当について条文を指摘しつつ説明しなさい。
□ ＿／＿
□ ＿／＿

□ ＿／＿　**4.**　**B**　同意配当について条文を指摘しつつ説明しなさい。
□ ＿／＿
□ ＿／＿

□ ＿／＿　**5.**　**B**　追加配当について条文を指摘しつつ説明しなさい。
□ ＿／＿
□ ＿／＿

第2章　破産財団の管理・換価

1. 　破産管財人は就職後直ちに破産財団に属する財産の管理に着手する必要がある（破79条）。破産管財人は，破産者，法人である破産者の役員，破産者の従業者やそれらの地位にあったものに対して，破産に関して必要な情報を求め，帳簿，書類その他の物件を検査することができる（破40条，83条1項）。破産管財人は破産に至った経緯や破産財団の現状などを記した財産状況報告書を作成し，裁判所に提出しなければならない（破157条1項）。

2. 　換価の方法は破産管財人が適切なものを選択する。不動産などに関する権利を強制執行の手続によることなく，任意売却を実施するときには，裁判所の許可を要する（破184条1項，78条2項柱書）。
　破産管財人は，別除権の目的たる財産を強制執行手続によって換価することができ，別除権者はそれを拒絶できない（破184条2項）。

第3章　配当

1. 　破産管財人は，一般調査期間の経過後又は一般調査期日の終了後，破産財団に属する財産の換価の終了前において，配当をするのに適当な破産財団所属の金銭があると認めるときは，最後配当に先立って，届出債権者に対して配当を実施することができる（破209条1項）。

2. 　停止条件付債権及び将来の請求権についての配当は，中間配当においてはこれが寄託されているが，最後配当に際して，除斥期間（破198条1項）内にその発生が確定しない場合は，配当から排斥される（同条2項）。
　※この趣旨は，未確定の債権全部について確定がされないと配当ができないとすれば，破産債権者間の公平を害することになるため，これを防止する点にある。

3. 　最後配当に代わって，手続を簡略化して行う配当（破204条以下）。中間配当をした場合はすることができない（破207条）。

4. 　届出破産債権者の同意を得て，簡易配当よりさらに省略した手続で行う配当（破208条以下）。

5. 　最後配当の後に新たに配当に充てるべき相当の財産が生じた場合に行われる（破215条）。

第4章　配当終結以外の破産手続終了原因

☐　／　　1.　**B**　　配当終結以外の破産手続終了原因の概要について説明
☐　／　　　　　　　しなさい。
☐　／

☐　／　　2.　**B**　　同時破産手続廃止について条文を指摘しつつ説明しな
☐　／　　　　　　　さい。
☐　／

☐　／　　3.　**B**　　異時破産手続廃止について条文を指摘しつつ説明しな
☐　／　　　　　　　さい。
☐　／

第8編　免責

第1章　免責

☐　／　　1.　**B**　　免責手続の理念について説明しなさい。
☐　／
☐　／

☐　／　　2.　**A**　　免責審理の手続の概要について，条文を指摘しつつ説
☐　／　　　　　　　明しなさい。
☐　／

第4章　配当終結以外の破産手続終了原因

1. ①破産手続の実行が必要なくなる場合（民事再生手続が破産手続継続中に開始されることによって破産手続が中止され，再生計画の確定によって失効する場合（民再39条1項，184条）など）。
　②破産手続を実行しても配当が期待できないことが判明した場合（財団不足の場合）。

2. 　破産手続開始時点において財団不足が明らかになっている場合には，破産手続開始決定はなされるが，破産管財人は選任されず，破産手続と同時に手続が廃止される（破216条1項）。

3. 　破産手続開始後に，破産財団をもって破産手続の費用を支弁するに足りないと裁判所が認めたときは，破産管財人の申立て又は職権によって，破産手続廃止の決定がされる（破217条1項前段）。

第8編　免責

8
免
責

第1章　免責

1. ①誠実な破産者の経済的再生の手段という考え方（手段説）。
　②誠実な破産者に免責という特典を与えるものという考え方（特典説）。
　　※どちらの考え方に重きを置くかによって，免責不許可事由，裁量免責の解釈に差異が生じうる。

2. 　免責手続は免責許可申立がされることによって開始される（破248条1項）。
　個人債務者が破産手続開始申立てをした場合は反対の意思を表示していない限り同時に免責許可の申立てをしたものとみなしている（破248条4項）。免責審理期間中は，破産債権者による強制執行等は禁止される（破249条1項）。免責許可決定が確定すれば，中止していた強制執行等は失効する（破249条2項）。

☐ ／
☐ ／
☐ ／
3. **A** 免責許可の手続について条文を指摘しつつ説明しなさい。

☐ ／
☐ ／
☐ ／
4. **A** 免責不許可事由としての「詐術」（破252条1項5号）の内容について説明しなさい。

☐ ／
☐ ／
☐ ／
5. **A** 借金返済の為に株式投資を行った行為が，免責不許可事由としての「浪費」（破252条1項4号）に当たるかについて説明しなさい。

☐ ／
☐ ／
☐ ／
6. **A** 破産者が車4台を買い換えた行為が，免責不許可事由としての「浪費」（破252条1項4号）に当たるかについて説明しなさい。

☐ ／
☐ ／
☐ ／
7. **A** 免責不許可事由としての「射幸行為」（破252条1項4号）の内容について説明しなさい。

☐ ／
☐ ／
☐ ／
8. **A** 免責の効果について条文を指摘しつつ説明しなさい。

☐ ／
☐ ／
☐ ／
9. **A** 「その責任を免れる」（破253条1項柱書本文）の内容について説明しなさい。

3.　　免責許可の申立てが不適法として却下される場合を除いて，裁判所は，免責不許可事由（破252条1項各号）のいずれにも該当しない場合には，免責許可決定をする（同条同項柱書）。

　　いずれかの免責不許可事由に該当する場合でも，常に不許可決定を出すわけではなく，破産手続開始決定に至った経緯など一切の事情を考慮して，免責を許可することが相当である場合には，裁判所は免責許可決定をすることができる（同条2項）。具体的には，破産者側の事情（借り入れた金銭の使途，現在の生活態度，任意弁済の有無等），債権者側の事情（債務者の申告内容をどの程度調査したか，債権者の意見（破251条）など），その他の事情（私的な整理，生活保護の必要性など）を総合考慮して決する。なお，裁判例（東京高決平26.3.5）は，裁量免責につき前記のような事情を考慮し，破産免責により破産者の経済的更生を図ることが破産者自身にとってはもとより，社会公共的見地からも相当であると評価されるか否かという判断枠組みを用いるのが相当であるとしている。

4.　　判例（大阪高決平2.6.11）は，資産もしくは収入があることを仮装するなど積極的な欺罔手段をとった場合もしくはこれと同視する場合を指すとして，単に破産原因事実があることを黙秘していたのみでは「詐術を用い」たに当たらないとしている。

5.　　当たる（東京高決平8.2.7）。
　　※「浪費」に当たるか否かは，破産者の財産，収入，社会的地位，生活環境と対比して，破産者の金銭の支払や財産の処分行為が，使途，目的，動機，金額，時期，生活環境，社会的許容性の有無等を総合的に判断して定められるとされている。

6.　　当たる（福岡高決平9.8.22）。

7.　　投機行為によって自己の財産を増加させたり減少させる行為。
　　※破産者の自己資金による先物・オプション取引も含まれる（福岡高決平8.1.26）。

8.　　免責許可決定が確定すると，破産者は破産手続による配当を除き，破産債権についてその責任を免れる（破253条1項柱書本文）。

9.　　責任のみが消滅し，債務は自然債務として残る（自然債務説・最判平11.11.9）。
　　※債務消滅説もある。

☐ / ☐ / ☐ /	10.	**A**	破産者が免責許可決定確定後に，任意で破産債権を弁済した場合，有効な弁済となるかについて説明しなさい。

☐ / ☐ / ☐ /	11.	**A**	破産債権を支払う約定と免責の効力について説明しなさい。

☐ / ☐ / ☐ /	12.	**A**	免責決定後の詐害行為取消権の行使の可否について説明しなさい。

☐ / ☐ / ☐ /	13.	**B**	免責の効力を受ける債権と消滅時効について説明しなさい。

☐ / ☐ / ☐ /	14.	**A**	非免責債権について条文を指摘しつつ説明しなさい。

☐ / ☐ / ☐ /	15.	**A**	破産者が悪意で加えた不法行為に基づく損害賠償請求権（破253条1項2号）について説明しなさい。

☐ / ☐ / ☐ /	16.	**B**	債権者名簿作成時に破産者が債権の存在を失念していた場合「破産者が知りながら債権者名簿に記載しなかった請求権（破253条1項6号）」として非免責債権となるかについて説明しなさい。

☐ / ☐ / ☐ /	17.	**B**	破産手続後の訴訟において破産管財人が訴訟の当事者となるかについて説明しなさい。

10. 自然債務説からすると，弁済は有効である。

※債務消滅説では任意であったとしても弁済は有効ではなく，破産者に不当利得返還請求権が発生すると考えることになる。

11. 裁判例（横浜地判昭63.2.29）は，破産法253条1項により免責許可の決定が確定したときは，同項柱書の文言からして，自然債務になると解され，免責後に任意に支払を約束した場合は，履行を強制できる債務になると解するのが自然であるとしつつも，債務者の経済的再起更生という免責制度の趣旨に鑑みれば，このような支払約束の有効性は単に自然債務となるという性質論から導かれるべきでなく，破産者の利益になるような特段の事情のない限り支払約束は無効であると解すべきであるとしている。

12. 判例（最判平9.2.25）は，詐害行為取消権は債務者の責任財産を確保し将来の強制執行を保全するために債権者に認められた権利であるから，責任が免除された免責決定後の破産債権については，詐害行為取消権の前提を欠き，この債権に基づいて詐害行為取消権を行使することはできないとした。

13. 判例（最判平11.11.9）は，免責決定の効力を受ける債権については，債権者において訴えをもって履行を請求しその強制的実現を図ることができなくなっている以上，消滅時効の進行を観念することができないから，免責決定の効力の及ぶ債務の保証人はその債権について消滅時効を援用することはできないとした。

14. 免責の効果は財団債権には及ばないが，破産債権についてはその全てに及ぶのが原則である（破253条1項柱書本文）。しかし，政策的理由から一部の破産債権については免責の効果が及ばない（同ただし書）。

15. 積極的な害意によって加えられた不法行為に基づく損害賠償請求権がここでの対象になると考える。

※例えば，判例（最判平12.1.28）は，到底返すことができない額をクレジットカードで利用した破産者について，破産者の商品購入が悪意の不法行為であるとして，非免責債権であるとしている。

16. 破産者が悪意有過失であれば，「破産者が知りながら債権者名簿に記載しなかった請求権（破253条1項6号）」には当たり，非免責債権となるとされている（東京地判平15.6.24）。

17. 判例（最判平5.6.25）は，破産手続終了後の破産者の財産に関する訴訟について，既に破産手続が終了している場合には破産管財人の管理処分権は終了しているから，破産管財人は訴訟の当事者とはならないとしている。

8
免
責

第9編 民事再生法

第1章 民事再生法の特徴と全体像

☐ ／
☐ ／　　**1.** **A**　民事再生法のような再生型倒産手続が用いられる場合
☐ ／　　について説明しなさい。

第2章 破産法と民事再生法の対比〜手続の概要〜

☐ ／
☐ ／　　**1.** **A**　破産法と民事再生法の目的について説明しなさい。
☐ ／

☐ ／
☐ ／　　**2.** **A**　破産法と民事再生法の手続の概要について説明しなさ
☐ ／　　い。

☐ ／
☐ ／　　**3.** **A**　破産法における破産管財人と民事再生法における管財
☐ ／　　人の設置について説明しなさい。

☐ ／
☐ ／　　**4.** **A**　破産法と民事再生法の手続開始原因について説明しな
☐ ／　　さい。

第9編　民事再生法

第1章　民事再生法の特徴と全体像

1.　　倒産者の財産を清算して，各倒産債権者に分配するよりも倒産者の事業を継続して，そこから得られる収益を各倒産債権者に分配する方がより高い分配を各倒産債権者が得られる場合。

　　※このように，破産手続をしていれば得られたであろう額を下回るような返済しかできない再生計画では，再生手続をするメリットが債権者側にないから，そのような再生計画に基づいて再生手続を進めることはできないということを「清算価値保障原則」と呼ぶ。

第2章　破産法と民事再生法の対比～手続の概要～

1.　　【破産法】
　　債務者の財産等の適正かつ公平な清算・債務者の経済生活の再生の機会確保（破1条）。
　　【民事再生法】
　　債務者の事業又は経済生活の再生（民再1条）。

2.　　【破産法】
　　債務者の財産を全て換価し，債権者に配分する。
　　【民事再生法】
　　裁判所の認可した再生計画に基づき，倒産者の事業価値を債権者に公平に配分。

3.　　【破産法】
　　必要的（破74条）。
　　【民事再生法】
　　任意的（民再64条）。

4.　　【破産法】
　　支払不能（破15条1項）。
　　法人については支払不能又は債務超過（破16条1項）。
　　【民事再生法】
　　破産開始原因の生ずるおそれがある場合，又は債務者が事業の継続に著しい支障を来すことなく弁済期にある債務を弁済することができないとき（民再21条1項）。

9
民事再生法

□ ___/___ 　5.　**A**　　破産法と民事再生法の手続申立権者について説明しな
□ ___/___ 　　　　さい。
□ ___/___

□ ___/___ 　6.　**A**　　破産法と民事再生法の手続における財産管理処分権に
□ ___/___ 　　　　ついて説明しなさい。
□ ___/___

□ ___/___ 　7.　**A**　　破産法と民事再生法における賃料債権を受働債権とす
□ ___/___ 　　　　る賃借人の相殺（賃貸人について破産ないし民事再生手
□ ___/___ 　　　　続が開始している場合）について説明しなさい。

□ ___/___ 　8.　**A**　　破産法と民事再生法の敷金返還請求権の保護について
□ ___/___ 　　　　説明しなさい。
□ ___/___

□ ___/___ 　9.　**A**　　破産法と民事再生法の担保権実行手続の中止命令の有
□ ___/___ 　　　　無について説明しなさい。
□ ___/___

□ ___/___ 　10.　**A**　　破産法と民事再生法の免責手続の有無について説明し
□ ___/___ 　　　　なさい。
□ ___/___

5. 【破産法】
　　原則として債権者又は債務者（破18条1項），法人については理事,取締役等（破19条）。
【民事再生法】
　　債権者又は債務者（民再21条）。
　　※ただし，民再21条2項。

6. 【破産法】
　　破産管財人に専属（破78条1項）。
【民事再生法】
　　原則として再生債務者に専属（民再38条1項），管理命令が発せられた場合には管財人に専属（民再66条）。

7. 【破産法】
　　賃借人は自働債権と対当額の限りで，期限の利益を放棄して将来の賃料債権と相殺可能。
【民事再生法】
　　賃借人は再生手続開始後に弁済期が到来すべき賃料債務の6月分相当額を上限として相殺可能（民再92条2項）。

8. 【破産法】
　　敷金の返還請求権を有する賃借人が破産者に対する賃料債務を破産管財人に弁済する場合には,その債権額の限度において弁済額の寄託を請求することができる（破70条後段）。
【民事再生法】
　　敷金返還請求権は，弁済された賃料相当額の範囲で，かつ賃料6月分の額を上限として共益債権となる（民再92条3項）。

9. 【破産法】
　　無。
【民事再生法】
　　有（民再31条）。

10. 【破産法】
　　有。
【民事再生法】
　　無。

9 民事再生法

☐ ／
☐ ／
☐ ／ **11. A** 破産法と民事再生法の手続開始における一定の資格・職種（例：弁護士）の帰趨について説明しなさい。

第3章　破産法と民事再生法の対比
～申立てから開始決定・開始決定の効果について～

☐ ／
☐ ／
☐ ／ **1. A** 再生手続開始原因について条文を指摘しつつ説明しなさい。

☐ ／
☐ ／
☐ ／ **2. A** 債務者に破産手続開始の原因となる事実の生ずる「おそれ」（民再21条1項）について説明しなさい。

☐ ／
☐ ／
☐ ／ **3. A** 「事業の継続に著しい支障を来すことなく弁済期にある債務を弁済することができないとき」（民再21条1項）について説明しなさい。

☐ ／
☐ ／
☐ ／ **4. A** 民事再生手続の申立権者について条文を指摘しつつ説明しなさい。

☐ ／
☐ ／
☐ ／ **5. A** 民事再生手続の申立てがあった場合の他の手続の中止命令について，条文を指摘しつつ説明しなさい。

☐ ／
☐ ／
☐ ／ **6. A** 「再生債務者（又はその処分を行う者）に不当な損害を及ぼすおそれがない」（民再26条1項）について説明しなさい。

11.　【破産法】
　　　資格剥奪・退職。
　　【民事再生法】
　　　継続が可能。

第3章　破産法と民事再生法の対比
　　　～申立てから開始決定・開始決定の効果について～

1.　　　①債務者に破産の原因たる事実の生ずるおそれがあるとき，②事業の継続に著しい支障を来すことなく弁済期にある債務を弁済することができないとき（民再21条1項）。

2.　　　破産手続開始の原因となる事実が将来発生することが客観的に予想できること。

3.　　　債務者が過大な設備投資，あるいは欠陥商品の製造物責任の負担，若しくは重要な特許訴訟での敗訴等のために資金繰りが困難に陥り，債務の弁済等のために現に操業中の生産設備や工場用地を売却せざるを得ないが，そうすると事業の継続自体に著しい支障が生じるような場合。

4.　　　債務者と債権者が申立権者となる（民再21条）。ただし，債権者については，債務者に破産の原因たる事実の生ずるおそれがあるときにしか，再生手続の開始申立てをすることができない（民再21条2項）。

5.　　　裁判所は，再生手続の申立てがあった場合において，必要があると認めるときは，利害関係人の申立てにより又は職権で，再生手続開始の申立てにつき決定があるまでの間，破産手続等の他の手続の中止を命ずることができる（民再26条1項柱書本文）。
　　　事業の継続のために特に必要があるときは，中止した手続を取り消すことができる（民再26条3項）。ただし，強制執行等の一定の中止命令は，当該手続の申立人である再生債権者に不当な損害を及ぼすおそれがない場合に限って認められる（民再26条1項柱書ただし書）。

6.　　　中止による再生債務者の利益に対して中止による再生債権者側の損害の方が大きい場合。

9
民事再生法

□ / □ / □ /	7.	**A**	民事再生手続における担保権実行手続の中止命令について条文を指摘しつつ説明しなさい。

□ / □ / □ /	8.	**A**	民事再生手続における担保権実行手続の中止命令の趣旨について説明しなさい。

□ / □ / □ /	9.	**A**	「再生債権者の一般の利益に適合」（民再31条1項本文）について説明しなさい。

□ / □ / □ /	10.	**A**	「競売申立人に不当な損害を及ぼすおそれがない」（民再31条1項本文）について説明しなさい。

□ / □ / □ /	11.	**A**	再生手続開始決定による裁判上の手続の帰趨の概要について条文を指摘しつつ説明しなさい。

第4章　破産法と民事再生法の対比～業務執行及び財産管理について～

□ / □ / □ /	1.	**A**	再生債務者等について条文を指摘しつつ説明しなさい。

□ / □ / □ /	2.	**A**	民事再生手続における財産管理処分権について条文を指摘しつつ説明しなさい。

7. 　裁判所は，再生手続開始の申立てがあった場合において，<u>再生債権者の一般の利益</u>に適合し，かつ，<u>競売申立人に不当な損害を及ぼすおそれがないもの</u>と認めるときは，利害関係人の申立てにより又は職権で，相当の期間を定めて，再生債務者の財産につき存する<u>担保権の実行手続の中止</u>を命ずることができる（民再31条1項本文）。ただし，その担保権によって担保される債権が<u>共益債権又は一般優先債権</u>であるときは，この限りでない（民再31条1項ただし書）。

8. 　事業の継続に不可欠な財産上の担保権の実行を回避するために，<u>別除権協定</u>を結ぶ時間的猶予を作り出す。
※別除権協定とは，別除権者と交渉して，<u>被担保債権の減免や期限の猶予</u>とともに担保権を実行しない旨を定める協定。

9. 　中止命令をしない場合と比べて，担保権の実行がされない結果，<u>再生債務者の事業の価値が維持されて債権者により多くの弁済をすることができる</u>こと。

10. 　<u>目的物の価額が被担保債権を超える十分な余剰価値がある</u>場合。

11. 　再生手続開始の決定がされると，その他の裁判上の手続が<u>中止・失効</u>し，<u>中断</u>する（民再39条から40条の2）ほか，開始後の<u>権利取得の効力が否定される</u>（民再41条）。

第4章　破産法と民事再生法の対比〜業務執行及び財産管理について〜

1. 　再生債務者の財産の処分管理権を有する主体（民再2条2号）。

2. 　民事再生手続においては，債務者は，原則として再生手続開始後も<u>財産管理処分権及び業務遂行権</u>を失わない（民再38条1項）。もっとも，債務者は債権者に対して<u>公平誠実義務</u>を負い（民再38条2項），裁判所は，<u>裁判所の許可</u>がないとできない行為を指定することができる（民再41条）。

□　/　　3.　**A**　　民事再生手続における再生債権の弁済の規律について
□　/　　　　　　　　条文を指摘しつつ説明しなさい。
□　/

□　/　　4.　**B**　　民事再生手続中の詐害行為取消権行使の可否について
□　/　　　　　　　　説明しなさい。
□　/

□　/　　5.　**B**　　民事再生手続における管理命令・監督命令について条
□　/　　　　　　　　文を指摘しつつ説明しなさい。
□　/

□　/　　6.　**A**　　民事再生手続における事業譲渡について条文を指摘し
□　/　　　　　　　　つつ説明しなさい。
□　/

□　/　　7.　**A**　　民事再生手続における事業譲渡の代替許可について条
□　/　　　　　　　　文を指摘しつつ説明しなさい。
□　/

3. 　再生債権については，再生手続開始後は，この法律に特別の定めがある場合を除き，再生計画の定めるところによらなければ，弁済をし，弁済を受け，その他これを消滅させる行為（弁済を除く。）をすることができない（民再85条1項）。

　ただし，①再生債務者を主要な取引先とする中小企業者が，その有する再生債権の弁済を受けなければ，事業の継続に著しい支障を来すおそれがあるときは，裁判所は，再生計画認可の決定が確定する前でも，再生債務者等の申立てにより又は職権で，その全部又は一部の弁済をすることを許可することができる（民再85条2項。考慮要素及び手続につき3項，4項）。

　また，②少額の再生債権を早期に弁済することにより再生手続を円滑に進行することができるとき，又は少額の再生債権を早期に弁済しなければ再生債務者の事業の継続に著しい支障を来すときは，裁判所は，再生計画認可の決定が確定する前でも，再生債務者等の申立てにより，その弁済をすることを許可することができる（民再85条5項）。

　また，再生債権者が再生債務者に対して個別の執行をすることも当然許されず，再生手続中に再生債権者が詐害行為取消権を行使することや，債権者代位権を行使することもできない（債権者代位権につき東京高判平15.12.4）。

4. 　裁判例（東京地判平19.3.26）は，民事再生手続中の再生債務者について，再生債権者にとっての責任財産は勘案できず，従って民事再生手続中に再生債権者が詐害行為取消権を行使することはできないとしている。

5. 　裁判所は，必要に応じて監督命令あるいは管理命令を出すことができる。

　監督命令が出されると，監督委員の同意がないとすることができない行為が指定され（民再54条2項，4項），この監督委員の同意権限によって，債務者の財産管理処分権は制約される。

　管理命令が出されると，破産管財人が選任されたのと同じく，債務者自身の財産管理処分権・業務遂行権限は剥奪される（民再64条1項，66条）。

6. 　再生手続開始後に再生債務者等が再生債務者の営業又は事業の全部又は重要な一部の譲渡をするためには，裁判所の許可が必要である。許可の要件は当該再生債務者の事業の再生のために必要であることである（民再42条1項柱書，同1号）。裁判所が許可をするためには知れている再生債権者の意見を聴かなければならない（同条2項）。また，労働組合からも意見を聴取する必要がある（同条3項）。裁判所の許可なしにされた事業等の譲渡は原則として無効となる（同条4項，民再41条2項）。

7. 　裁判所は，再生債務者等の申立てにより，株主総会の特別決議による承認に代わる許可（代替許可）をすることができる。代替許可の要件は，①株式会社である再生債務者が債務超過であること及び②事業譲渡が事業の継続のために必要であることである（民再43条1項）。

☐ ／
☐ ／
☐ ／ 　**8.** **A** 「事業の継続のために必要である場合」（民再43条1項）について説明しなさい。

☐ ／
☐ ／
☐ ／ 　**9.** **A** 民事再生手続における担保権消滅許可制度について条文を指摘しつつ説明しなさい。

☐ ／
☐ ／
☐ ／ 　**10.** **A** 「事業の継続に欠くことのできないものであるとき」（民再148条）について説明しなさい。

☐ ／
☐ ／
☐ ／ 　**11.** **B** 担保権消滅許可制度の要件としての「再生債務者の財産」に当たるためには，再生債務者が当該財産について対抗要件としての登記を備えていることが必要であるかについて説明しなさい。

☐ ／
☐ ／
☐ ／ 　**12.** **B** 共同担保の一部についてのみ担保権消滅請求をすることができるかについて説明しなさい。

8. 　営業譲渡をしないと当該事業が遅かれ早かれ廃業に追い込まれるような事情がある場合や，当該営業の資産的価値が著しく減少する可能性がある場合。

9. 　担保権の目的財産が再生債務者の事業の継続に不可欠なものであって，目的財産の価額よりも被担保債権の総額の方が大きいこと（オーバーローンであること）を要件として，担保権消滅の許可を申し立てることができる（民再148条）。担保権者は担保権消滅許可の要件を欠くと考える場合には即時抗告をすることができる（民再148条4項）。また，申出額が低すぎると考える場合には，目的財産の価額を決定するために再生裁判所に価額決定を請求することができる（民再149条1項）。
　　※担保権消滅許可制度は，再生債務者の事業の再生という目的のために，事業の継続に不可欠な財産に限って，担保権の不可分性の原則に対する例外を認めるものである。

10. 　当該財産それ自体が事業の継続に不可欠な場合のみならず，当該財産を処分することが事業継続に不可欠な場合の，処分対象となる当該財産も含むものとされている（名古屋高決平16.8.10）。
　　裁判例（東京高決平21.7.7）には，一戸建て住宅の分譲を事業内容にしている会社が再生債務者である場合，販売用の不動産に担保権を設定し，これを消滅させることが事業の流れとして予定されていることを理由として，事業継続のために不可欠であるとして，販売用の不動産についても担保権消滅請求を認めたものがある。

11. 　裁判例（福岡高決平18.3.28）は，再生債務者と担保権者との関係は対抗関係にはないので，再生債務者が対抗要件としての登記を有している必要はないとしている。

12. 　裁判例（札幌高決平16.9.28）には，共同担保の一部についてのみ担保権消滅請求を認めることにより共同担保の残部の担保価値が著しく減少し，担保権者が著しい不利益を受ける場合には，そのような請求は権利の濫用として許されないとするものがある。

9
民事再生法

□ ／
□ ／   13. **A** フルペイアウト方式のファイナンス・リース契約につ
□ ／   いて，担保権消滅請求手続の対象になるかについて説明
                 しなさい。

第5章　破産法と民事再生法の対比〜債権の種類及びその行使について〜

□ ／
□ ／   1. **A** 再生債権について条文を指摘しつつ説明しなさい。
□ ／

□ ／
□ ／   2. **A** 自認債権について条文を指摘しつつ説明しなさい。
□ ／

□ ／
□ ／   3. **A** 再生債務者等による相殺について条文を指摘しつつ説
□ ／   明しなさい。

□ ／
□ ／   4. **A** 民事再生手続上における一般先取特権その他一般の優
□ ／   先権がある債権の取り扱いについて条文を指摘しつつ説
                 明しなさい。

□ ／
□ ／   5. **A** 民事再生手続上の開始後債権について条文を指摘しつ
□ ／   つ説明しなさい。

13. 裁判例（大阪地決平13.7.19）は，フルペイアウト方式のファイナンス・リース契約においてリース物件の引渡しを受けたユーザーにつき再生手続開始の決定があった場合，未払いのリース料債権はその全額が再生債権となり，リース会社は，リース物件についてユーザーが取得した利用権についてその再生債権を被担保債権とする担保権を有するものとし，担保権消滅請求許可の対象となるものとしている。

※もっとも，上記裁判例の事案では，民事再生手続開始前にリース契約が解除されていることから，リース会社はリース物件について完全な所有権を回復しており，担保権消滅請求手続の対象とならないとしている。

第5章　破産法と民事再生法の対比～債権の種類及びその行使について～

1. 再生債務者に対し再生手続開始前の原因に基づいて生じた財産上の請求権で，共益債権又は一般優先債権を除いたもの（民再84条1項）。ただし，①再生手続開始後の利息の請求権②再生手続開始後の不履行による損害賠償及び違約金の請求権③再生手続参加の費用の請求権は，再生債権となる（同条2項）。

2. 再生債務者等は，届出がされていない再生債権があることを知っている場合には，当該再生債権について，自認する内容その他の事項を認否書に記載しなければならない（民再101条3項）。これらは債権調査の対象となり（民再102条1項），異議等がなければ確定（民再104条1項）し，再生計画の定めによる弁済を受けることができる。ただし，再生計画案の決議における議決権行使等の権限（民再170条2項等）は認められない。

3. 再生債務者等は，再生債務者財産に属する債権をもって再生債権と相殺することが再生債権者の一般の利益に適合するときは，裁判所の許可を得て，その相殺をすることができる（民再85条の2）。

4. 一般先取特権その他一般の優先権がある債権については，破産法では優先的破産債権であった（破98条1項）のに対して，再生手続では一般優先債権として，手続外で随時行使できるものとされている（民再122条1項，2項）。

5. 再生手続は事業の維持継続が前提となるから，業務に関する費用（民再119条2号）や再生計画遂行のための費用（同3号）の請求権は共益債権となる。また，一般の優先権がある債権であって共益債権以外のものは，一般優先権となる（民再122条1項）。一般優先債権は随時弁済される（同条2項）。再生手続開始後の原因に基づいて生じた財産上の請求権で，共益債権，一般優先債権又は再生債権に該当しないものは，開始後債権となる（民再123条1項）。再生計画による権利変更の対象とならず，他方で再生計画が定める弁済期間の満了までは弁済・強制執行は許されない（民再123条2項，3項）。

9
民事再生法

□ ＿/＿＿　6.　**A**　　民事再生手続における相殺権の規律の特徴についての
□ ＿/＿＿　　　　　　概要を条文を指摘しつつ説明しなさい。
□ ＿/＿＿

□ ＿/＿＿　7.　**A**　　再生債務者が差押え回避を目的に誤って銀行に手持ち
□ ＿/＿＿　　　　　　資金を振り込んだところ，振り込まれた銀行が貸付金債
□ ＿/＿＿　　　　　　権と預金債権とを相殺することができるかについて説明
　　　　　　　　　　　しなさい。

6.　①非金銭債権・期限付債権の場合

　　民事再生手続においては，金銭の現在化を想定しておらず，金銭化も手続的なものにとどまる（民再87条1項）。そのため，債権届出期間の満了までに期限が到来する必要（民再92条1項）があり，そもそも非金銭債権は相殺できない。

　②条件付債権の場合

　　・停止条件付債権

　　　債権届出期間の満了までに条件が成就する必要がある（民再92条1項）

　　・解除条件付債権

　　　相殺は可能だが，解除条件が成就したときは清算が必要になる

　③敷金返還請求権・賃料債権

　　・賃借人たる再生債権者による相殺

　　　賃料債権を受働債権とする相殺については，破産の場合と異なる取扱いがされている。すなわち，再生手続開始決定後に弁済期が到来すべき賃料債務について，手続開始時の賃料6か月分に相当する額を限度として相殺することができる（民再92条2項）。この上限の範囲内である限り，対象となる賃料債務は，債権届出期間満了後に弁済期が到来するものも含まれる。ただし，相殺の意思表示自体は，債権届出期間満了までになされなければならない（同項）。

　　・敷金返還請求権

　　　再生債権である敷金返還請求権を有する賃借人が，再生手続開始後に弁済期の到来する賃料債務について弁済期に支払った場合は，再生手続開始時における賃料の6か月分に相当する額の範囲内で，弁済額を上限として，その有する敷金返還請求権は共益債権とされる（民再92条3項）。ただし，同条2項の相殺をする場合，相殺により免れる賃料債務額に相当する額は，6か月分から控除される（同条3項かっこ書）。

　　　この制度による保護の対象は，「弁済期に弁済をしたとき」に限られ，弁済期に後れた弁済は保護しないものとされている。手続開始後に弁済期が到来する賃料債務について弁済したときは，手続開始のときにおける賃料6か月分を限度として共益債権化することができる（民再92条3項）。

　④期限付債権

　　期限の利益を放棄して相殺可能（民再92条1項後段）。

7.　　裁判例（東京地判平21.11.10）は，再生債務者から一方的に行われた振込みについて，銀行が「専ら再生債権をもってする相殺に供する目的」（民再93条1項2号）を有していたとはいえず，相殺することができるとした。

第6章 破産法と民事再生法の対比～再生計画～

☐ ／
☐ ／　　1.　**A**　　再生計画の条項における必要的記載事項について条文
☐ ／　　を指摘しつつ説明しなさい。

☐ ／
☐ ／　　2.　**A**　　「権利の変更」（民再154条1項1号）の記載内容につい
☐ ／　　て条文を指摘しつつ説明しなさい。

☐ ／
☐ ／　　3.　**A**　　再生債権の変更内容についての原則と例外場面を条文
☐ ／　　を指摘しつつ説明しなさい。

☐ ／
☐ ／　　4.　**A**　　「衡平を害」する（民再155条1項）の内容について説
☐ ／　　明しなさい。

☐ ／
☐ ／　　5.　**B**　　再生計画の条項における相対的記載事項について条文
☐ ／　　を指摘しつつ説明しなさい。

☐ ／
☐ ／　　6.　**B**　　再生計画案の提出について条文を指摘しつつ説明しな
☐ ／　　さい。

第6章　破産法と民事再生法の対比〜再生計画〜

1.　①全部又は一部の再生債権者の権利の変更（民再154条1項1号）
②共益債権及び一般優先債権の弁済（同項2号）
③知れている開始後債権があるときは，その内容（同項3号）

2.　まず，債務の減免，期限の猶予その他の権利の変更の一般的基準を定める必要がある（民再156条）。その上で，届出再生債権者及び自認債権（民再101条3項）について一般的基準に従って変更した後の権利の内容を定めることになる（民再157条1項本文）。債務の期限の猶予の上限は原則として再生計画認可の決定の確定から10年を超えない範囲で弁済期を定める必要がある（民再155条3項）。

3.　再生債権の変更の内容は再生債権者の間では平等であるのが原則（民再155条1項本文）。
もっとも，以下の4つの例外がある（民再155条1項ただし書）。
①不利益を受ける再生債権者の同意がある場合
②少額の再生債権の処理
③再生手続開始後に発生する利息・損害金等の請求権
④再生債権者の間に差を設けても衡平を害しない場合

4.　実質的平等を害している場合を指すものと解される。実質的平等を害しているか否かは，債権者間の公平と経済合理性の観点から判断する。
※なお，裁判例（東京高決平23.7.4）は，特定の債権者について平等原則を維持することが信義則に反するような場合をいうとしている。
※裁判例には，会社更生法の事件であるが，更生会社を支配していた株主であり債権者であるXについて，株・債権双方を劣後的に扱ったことについて，実質的衡平の観点から正当としたものがある（福岡高決昭56.12.21）。

5.　①債権者委員会の費用負担（民再154条2項），②未確定の再生債権者の権利（民再159条），③別除権者の権利に関する定め（民再160条），④債務の負担及び担保の供与に関する定め（民再158条），⑤再生計画によって影響を受けない権利の明示（民再157条2項）などがある。

6.　再生債務者等は債権届出期間の満了後裁判所の定める期間内に，再生計画案を作成して裁判所に提出しなければならない（民再163条1項）。届出再生債権者も，再生計画案を提出することができる（民再163条2項）。再生債務者等に限って，再生手続開始の申立て後であれば，債権届出期間の満了前であっても，再生計画案を提出することができる（民再164条1項）。

9
民事再生法

□ ／ 　7.　**B**　再生計画による資本構成の変更について条文を指摘し
□ ／ 　　　　　　つつ説明しなさい。
□ ／

□ ／ 　8.　**A**　再生計画案の決議について条文を指摘しつつ説明しな
□ ／ 　　　　　　さい。
□ ／

□ ／ 　9.　**A**　再生計画案の認可・不認可について条文を指摘しつつ
□ ／ 　　　　　　説明しなさい。
□ ／

□ ／ 　10.　**A**　再生手続又は再生計画の補正不能な法律の規定違反（民
□ ／ 　　　　　　再174条2項1号）の具体例について説明しなさい。
□ ／

7. 再生計画には，再生債務者の株式の取得に関する条項，株式の併合に関する条項，資本金の額の減少に関する条項又は再生債務者が発行することができる株式の総数についての定款の変更に関する条項を定めることができる（民再154条3項）。この場合，裁判所の許可が必要である（民再166条1項）。裁判所は，再生債務者が債務超過である場合に限りその許可をすることができる（同条2項）。

   ※会社更生法上，株主の権利を100パーセント無償で消却することも許されるとした判例もある（東京高決昭54.8.24）。

8. 再生計画案については裁判所が決議に付する旨の決定をする（民再169条1項）。決議に付する旨の決定は，再生計画案について再生債権者がその内容の是非を判断できるだけの情報開示がされているか，あるいは再生計画案を決議に付することが全く無駄になるようなことがないように事前にチェックするものである（同項各号参照）。

   再生計画案が債権者集会で可決されるためには，以下の2つの要件を共に満たす必要がある（民再172条の3第1項）。
   ①議決権者（債権者集会に出席し，又は書面等投票をしたもの）の過半数の同意（同項1号）
   ②議決権者の議決権の総額の2分の1以上の議決権を有する者の同意（同項2号）

9. 再生計画案が可決された場合には，不認可要件（民再174条2項各号）がない限り，裁判所は再生計画認可の決定をする（同条1項）。
   不認可要件（同条2項）としては，以下のものが挙げられる。
   ①再生手続又は再生計画の補正不能な法律の規定違反（同項1号）
   ②再生計画が遂行される見込みがないとき（同項2号）
   ③再生計画の決議が不正の方法によって成立するに至ったとき（同項3号）
   ④再生計画の決議が再生債権者の一般の利益に反するとき（同項4号）

10. 債権者集会の期日の呼出し（民再115条1項）を欠く場合や法定多数決の同意なしに可決とした場合や，平等原則（民再155条1項）違反など。

    ※裁判例（東京高決平16.7.23）には，預託金制ゴルフ場の経営会社の再生事件において，その会員債権者について会員プレー権の継続を希望する場合は会員プレー権を維持継続するが，会員プレー権を継続せず，資格保証金の返還を希望する場合は，一般再生債権者と同様の権利変更（1％以下の弁済率）がされるとした再生計画について，再生計画による権利の変更の内容として，再生債権者間に差を設け，形式的には異なった扱いをしたとしても，その扱いに合理的な理由がある限り，衡平を害せず許されると一般論を述べたものの，会員プレー権を継続する会員債権者については100％弁済であるにもかかわらず，それ以外の会員債権者や一般債権者については1％以下の弁済率であることは著しく異なる扱いであって，衡平を欠くとしたものがある。

9
民事再生法

□ __/__ **11.** **A** 「再生計画が遂行される見込みがないとき」(民再174条
□ __/__ 2項2号)について説明しなさい。
□ __/__

□ __/__ **12.** **A** 「再生計画の決議が不正の方法によって成立するに至っ
□ __/__ たとき」(民再174条2項3号)について説明しなさい。
□ __/__

□ __/__ **13.** **A** 「再生計画の決議が再生債権者の一般の利益に反すると
□ __/__ き」(民再174条2項4号)について説明しなさい。
□ __/__

11. 再生計画の定める弁済が実行される可能性が低い場合。

12. 判例（最決平20.3.13）は，再生裁判所の認可の決定が要求される趣旨は後見的な見地から少数債権者の保護を図り，ひいては再生債権者の一般の利益を保護するものであるとし，その上で「再生計画の決議が不正の方法で成立するに至った」（民再174条2項3号）ときには，再生債権者が詐欺，強迫などを受けたことにより再生計画案が可決された場合はもとより，再生計画案の可決が信義則に反する行為に基づいてされた場合も含まれるものと解し，再生債務者の関係者が，回収可能性のない再生債権となるべき債権を再生手続開始前に他から譲り受けることによって，本来であれば頭数要件をクリアすることができなかった再生計画が可決された場合に，このような再生計画の成立のさせ方は信義則に反するものであるとした。
　　※なお，判例（最決平29.12.19）は，上記の判断枠組みは小規模個人再生における不認可事由である「再生計画の決議が不正の方法によって成立するに至ったとき」（民再202条2項4号）にもあてはまるものとしている。

13. 清算価値保障原則違反の場合をいう。具体的には，再生計画によって配分される利益が，再生手続開始の時点で再生債務者財産を解体清算した場合の配分利益，即ち，破産配当を上回ることを意味する。この判断に当たっては，形式的な弁済率のみならず，第1回の弁済までの期間等を考慮し，実質的に判断されるべきとされている。
　　※判断基準については諸説ある。裁判例（東京高決平15.7.25）には，再生手続開始決定時に係属していた詐害行為取消訴訟を再生手続の監督委員は受継しなかったが，その勝訴の可能性がないとはいえなかったことから，勝訴した場合の配当率を再生計画の弁済率と比較したものもある。

9
民事再生法

□ /	**14.**	**A**	再生計画の効力について条文を指摘しつつ説明しなさ
□ /			い。
□ /			

□ /	**15.**	**A**	再生計画認可の決定後の手続について条文を指摘しつ
□ /			つ説明しなさい。
□ /			

□ /	**16.**	**B**	再生計画の変更について条文を指摘しつつ説明しなさ
□ /			い。
□ /			

14. 　再生計画は認可決定の確定時にその効力を生ずる（民再176条）。再生計画の効力は再生債務者及び全ての再生債権者に及ぶ（民再177条1項）。再生計画において再生のために債務を負担し，又は担保の提供をする者の定めがある場合には（民再158条）再生計画の効力はこれらの者にも及ぶ（民再177条1項）。また，再生計画は，別除権者が有する担保権，再生債権者が再生債務者の保証人等に対して有する権利及び再生債務者以外の者が再生債権者の為に提供した担保に影響を及ぼさない（民再177条2項）。

　再生計画認可の決定が確定して再生計画が効力を生ずると再生計画に定めのない再生債権については，原則として再生債務者は責任を免れる（民再178条本文）。例外として罰金などの債権（民再97条，178条ただし書）の他に，再生債権者による届出が不可能であった場合や再生債務者が届出のない再生債権があることを知っていながら認否書に自認（民再101条3項）の旨を記載しなかった再生債権がある（民再181条1項1〜3号）。

　再生債権は再生計画の定めに従って権利変更される。再生計画の条項は再生債権者表に裁判所書記官によって記載され（民再180条1項），これは再生債務者及び全再生債権者に対して，確定判決と同一の効力を有する（同条2項）。

15. 　再生計画認可の決定が確定した時は，再生債務者等は，速やかに再生計画を遂行しなければならない（民再186条1項）。監督委員が選任されているときは，監督委員は再生債務者の再生計画の遂行を監督する（民再186条2項）。

　監督委員又は管財人が選任されている場合とそうでない場合で時期が違うが，再生手続の終結の時期が法定されている（民再188条1項，2項）。再生手続の終結により，再生債務者の財産処分権の制限は解除される（民再188条4項）。

16. 　再生計画変更のためには，やむを得ない事由で再生計画に定める事項を変更する必要が生じたことが必要である。計画の変更は再生手続が終了する前に限って行うことができる（民再187条1項）。

☐ ＿／＿
☐ ＿／＿
☐ ＿／＿ **17.** **A** 　再生計画の取消しについて条文を指摘しつつ説明しなさい。

☐ ＿／＿
☐ ＿／＿
☐ ＿／＿ **18.** **A** 　再生手続の廃止について条文を指摘しつつ説明しなさい。

第7章　特別な民事再生手続

☐ ＿／＿
☐ ＿／＿
☐ ＿／＿ **1.** **B** 　個人再生（小規模個人再生・給与所得者等再生）を利用できるものについて条文を指摘しつつ説明しなさい。

17.　　　再生計画認可の決定が確定した後に，再生債権の減免や期限の猶予という権利変更による再生債権者の不利益を正当化できない事態が発覚あるいは生じた場合，再生債権者を保護するため，再生計画による権利変更の効力を事後的に覆滅して再生債権を原状回復させる制度である。

　　取消事由として，①再生計画が不正の方法により成立したこと（民再189条1項1号），②再生債務者等が再生計画の履行を怠ったこと（同項2号），③再生債務者の行為制限違反（同項3号）がある。②の事由による場合には，取消し申立てをすることができるのは，その時点での再生計画上の残債務の10％以上に当たる債務を有し，その一部が未履行の再生債権者に限られる（民再189条3項）。

　　再生計画が取り消されると，再生計画により権利変更された再生債権は権利変更前の状態に戻る（民再189条7項）。原状に復した再生債権のうち債権調査を経て確定しているものに基づいて強制執行をすることができるようになる（同条8項，185条2項）。再生計画による株式の取得等いわゆる資本構成の変更（民再183条，183条の2）で既に行われたものには影響を及ぼさない。

18.　　　再生手続の廃止とは，再生手続開始後に，再生手続の目的を達成することなく，裁判所の決定により再生手続を将来に向かって終了させることをいう。再生手続開始決定の取消しとは異なり，遡及効がない（民再195条6項参照）。再生計画の取消しとは異なり，原状回復効はなく，再生手続係属中に限られる。代表的な廃止事由として再生計画不成立を導く事由（民再191条），再生計画遂行見込みの欠如（民再194条）がある。

　　※再生計画遂行見込みの欠如の例としては，会社更生法の事案であるが，計画認可後も経常利益が収支赤字続きであり，収益から弁済予定の債権がほとんど弁済されないまま推移し，多額の共益債権も未済となっている場合などが挙げられる（東京高決平元.4.10）。

第7章　特別な民事再生手続

1.　　　個人である債務者のうち，再生債権の総額が5000万円を超えないものである。また，将来において継続的に又は反復して収入を得る見込みがあることが必要である（民再221条1項）。給与所得者等再生については，さらに将来収入の額の確実さが必要である（民再239条1項）。

☐ ___/___ 2. **B** 個人再生手続と民事再生手続の相違点の概要について
☐ ___/___ 条文を指摘しつつ説明しなさい。
☐ ___/___

☐ ___/___ 3. **B** 小規模個人再生における再生計画の決議方法について
☐ ___/___ 条文を指摘しつつ説明しなさい。
☐ ___/___

☐ ___/___ 4. **B** 給与所得者等再生の概要について条文を指摘しつつ説
☐ ___/___ 明しなさい。
☐ ___/___

2.　　　個人再生においては，監督委員や調査委員は選任できない（民再238条，245条が第3章第1節・第2節を適用除外としている）。再生手続の円滑な進行のために，限定された事項のみを職務内容とする個人再生委員の制度がある（民再223条1項本文）。

　　　再生債務者は貸借対照表の作成及び提出は必要なく（民再228条），否認権の制度はない（民再238条により第6章第2節の規定が適用除外）。再生計画について，清算価値保障原則の適用はある（民再174条2項4号，231条1項，241条2項2号）が，実際は清算価値がわずかになることが多いため，債権者保護のため，再生債権の総額に応じた最低弁済額要件が定められている（民再231条2項3号，4号，241条2項5号）。再生計画の認可の決定の確定によって個人再生は当然に終結するが，再生計画の変更及びいわゆるハードシップ免責の制度が設けられている（民再234条，235条）。

3.　　　書面投票の方法に限る（民再230条3項）。

4.　　　給与所得者等再生を利用するためには，将来において継続的に又は反復して収入を得る見込みがある個人債務者であり，再生債権の総額が5000万円を超えないことに加えて，給与又はこれに類する定期的な収入を得る見込みがあり，かつその額の変動の幅が小さいと見込まれることが必要である（民再239条1項）。

　　　給与所得者等再生を求める申述の前7年以内に，給与所得者等再生における再生計画の完遂，個人再生におけるハードシップ免責及び破産法による免責許可の決定の確定があった場合においては，給与所得者等再生を利用することはできない（民再239条5項2号イ～ハ）。

　　　給与所得者等再生においては，再生計画の成立のために再生債権者の同意に基づく再生計画案の決議の手続を経る必要がない。ただし，再生計画の認可要件が加重されており，確実な将来収入が原資として織り込まれた再生計画が提出される必要がある（可処分所得要件・民再241条2項7号）。

　　※可処分所得は①再生計画案の提出前2年間の再生債務者の収入の合計額を算出し，②2年間の再生債務者の収入の合計額に対する所得税・地方税・社会保険料相当額をその2年分の収入の合計から控除して控除後の額を2で割る。③その額から「再生債務者及びその扶養を受けるべき者の最低限度の生活を維持するために必要な1年分の費用の額」を控除する（民再241条2項7号イ～ハ）。この控除額は政令で定められる（民再241条3項）。

9
民事再生法

手続条文編

破産法

第1章　破産手続の開始

☐　/　1.　　　　　破産手続開始の申立権者について定めた条文を指摘し
☐　/　　　　なさい。
☐　/

☐　/　2.　　　　　破産手続のみなし申立てについて定めた条文を指摘し
☐　/　　　　なさい。
☐　/

☐　/　3.　　　　　破産手続開始申立てにおける費用の予納について定め
☐　/　　　　た条文を指摘しなさい。
☐　/

☐　/　4.　　　　　保全管理人の選任（法人破産の場合に限る）について
☐　/　　　　定めた条文を指摘しなさい。
☐　/

☐　/　5.　　　　　破産手続開始申立ての取下げについて定めた条文を指
☐　/　　　　摘しなさい。
☐　/

☐　/　6.　　　　　破産手続開始の決定について定めた条文を指摘しなさ
☐　/　　　　い。
☐　/

☐　/　7.　　　　　破産管財人の選任について定めた条文を指摘しなさい。
☐　/
☐　/

☐　/　8.　　　　　債権届出期間・調査期間（期日）・財産状況報告集会期
☐　/　　　　日の定めについて定めた条文を指摘しなさい。
☐　/

破産法

第1章　破産手続の開始

1.　破18条〜19条，224条，244条の4，規13条，14条。

2.　破248条4項。

3.　破22条，規18条。

4.　破91条〜96条，規29条。

5.　破29条。

6.　破30条，規19条。

7.　破74条〜77条，規23条〜24条。

8.　破31条1項，規20条。

第2章　破産債権の届出・調査・確定

☐ ／
☐ ／ 1.　　　破産管財人による財団の占有・管理・換価について定
☐ ／ 　　　めた条文を指摘しなさい。

☐ ／
☐ ／ 2.　　　財産の価額の評定等・裁判所への報告について定めた
☐ ／ 　　　条文を指摘しなさい。

☐ ／
☐ ／ 3.　　　財産状況報告集会について定めた条文を指摘しなさい。
☐ ／

☐ ／
☐ ／ 4.　　　自由財産の範囲の拡張の裁判について定めた条文を指
☐ ／ 　　　摘しなさい。

☐ ／
☐ ／ 5.　　　破産手続開始の効果について定めた条文を指摘しなさ
☐ ／ 　　　い。

☐ ／
☐ ／ 6.　　　取戻権について定めた条文を指摘しなさい。
☐ ／

☐ ／
☐ ／ 7.　　　別除権について定めた条文を指摘しなさい。
☐ ／

☐ ／
☐ ／ 8.　　　財団債権の支払について定めた条文を指摘しなさい。
☐ ／

☐ ／
☐ ／ 9.　　　否認権の行使について定めた条文を指摘しなさい。
☐ ／

第2章 破産債権の届出・調査・確定

1. 破78条〜90条，154条〜156条，184条〜185条，規25条〜28条，51条，53条，56条。

2. 破153条，157条，規52条。

3. 破31条1項2号，4項，158条，規54条。

4. 破34条4項，規21条。

5. 破47条〜61条。

6. 破62条〜64条。

7. 破65条〜66条，2条9項。

8. 破148条〜152条，203条。

9. 破160条〜170条の3，173条〜176条。

□ ___/___ □ ___/___ □ ___/___	10.	法人の役員の責任追及について定めた条文を指摘しなさい。

□ ___/___ □ ___/___ □ ___/___	11.	担保権の消滅について定めた条文を指摘しなさい。

□ ___/___ □ ___/___ □ ___/___	12.	商事留置権の消滅について定めた条文を指摘しなさい。

第3章 財産管理・財産換価

□ ___/___ □ ___/___ □ ___/___	1.	破産債権の届出について定めた条文を指摘しなさい。

□ ___/___ □ ___/___ □ ___/___	2.	破産債権者表の作成について定めた条文を指摘しなさい。

□ ___/___ □ ___/___ □ ___/___	3.	認否書の提出について定めた条文を指摘しなさい。

□ ___/___ □ ___/___ □ ___/___	4.	債権調査期日について定めた条文を指摘しなさい。

□ ___/___ □ ___/___ □ ___/___	5.	債権調査期間について定めた条文を指摘しなさい。

□ ___/___ □ ___/___ □ ___/___	6.	破産債権の査定の裁判について定めた条文を指摘しなさい。

10. 破177条〜183条。

11. 破186条〜191条，規57条〜62条。

12. 破192条。

第3章　財産管理・財産換価

1. 破111条〜114条，規32条〜36条。

2. 破115条，規37条。

3. 破117条，規42条。

4. 破121条〜123条，規42条〜44条。

5. 破118条〜120条，規38条〜41条。

6. 破125条。

破産法

□　／	7.	破産債権査定申立てについての決定に対する異議の訴
□　／		えについて定めた条文を指摘しなさい。
□　／		

□　／	8.	破産債権の確定について定めた条文を指摘しなさい。
□　／		
□　／		

第4章　配当

□　／	1.	中間配当について定めた条文を指摘しなさい。
□　／		
□　／		

□　／	2.	簡易配当について定めた条文を指摘しなさい。
□　／		
□　／		

□　／	3.	最後配当について定めた条文を指摘しなさい。
□　／		
□　／		

□　／	4.	同意配当について定めた条文を指摘しなさい。
□　／		
□　／		

第5章　破産手続の終了

□　／	1.	破産管財人の任務終了の場合の計算報告のための債権
□　／		者集会について定めた条文を指摘しなさい。
□　／		

□　／	2.	破産管財人の任務終了の場合の書面による計算報告に
□　／		ついて定めた条文を指摘しなさい。
□　／		

7. 破126条。

8. 破124条，131条。

第4章　配当

1. 破209条～214条。

2. 破204条～207条。

3. 破195条～203条。

4. 破208条。

第5章　破産手続の終了

1. 破88条。

2. 破89条。

□ /	3.	破産手続終結決定について定めた条文を指摘しなさい。
□ /		
□ /		

□ /	4.	破産手続廃止についての意見聴取のための債権者集会について定めた条文を指摘しなさい。
□ /		
□ /		

□ /	5.	破産手続廃止についての書面による意見聴取について定めた条文を指摘しなさい。
□ /		
□ /		

□ /	6.	異時廃止について定めた条文を指摘しなさい。
□ /		
□ /		

□ /	7.	同時廃止について定めた条文を指摘しなさい。
□ /		
□ /		

第6章　免責

□ /	1.	免責許可の申立てについて定めた条文を指摘しなさい。
□ /		
□ /		

□ /	2.	破産管財人・破産債権者の免責についての意見申述期間の決定について定めた条文を指摘しなさい。
□ /		
□ /		

□ /	3.	免責についての調査・報告について定めた条文を指摘しなさい。
□ /		
□ /		

□ /	4.	破産管財人・破産債権者の免責についての意見申述を定めた条文を指摘しなさい。
□ /		
□ /		

3.　　　<u>破220条</u>。

4.　　　<u>破217条1項</u>。

5.　　　<u>破217条2項</u>。

6.　　　<u>破217条</u>。

7.　　　<u>破216条</u>。

第6章　免責

1.　　　<u>破248条，規74条</u>。

2.　　　<u>破251条</u>。

3.　　　<u>破250条，規75条</u>。

4.　　　<u>破251条，規76条</u>。

☐ ／
☐ ／ 　5. 　　　免責許可の決定の要件について定めた条文を指摘しな
☐ ／ 　　　さい。

☐ ／
☐ ／ 　6. 　　　免責許可の決定の効力等について定めた条文を指摘し
☐ ／ 　　　なさい。

民事再生法

第1章　再生手続の開始

☐ ／
☐ ／ 　1. 　　　再生手続開始の申立てについて定めた条文を指摘しな
☐ ／ 　　　さい。

☐ ／
☐ ／ 　2. 　　　民事再生手続開始の申立てにおける費用の予納につい
☐ ／ 　　　て定めた条文を指摘しなさい。

☐ ／
☐ ／ 　3. 　　　保全管理人の選任について定めた条文を指摘しなさい。
☐ ／

☐ ／
☐ ／ 　4. 　　　監督委員の選任について定めた条文を指摘しなさい。
☐ ／

☐ ／
☐ ／ 　5. 　　　調査委員の選任について定めた条文を指摘しなさい。
☐ ／

☐ ／
☐ ／ 　6. 　　　民事再生手続開始条件について定めた条文を指摘しな
☐ ／ 　　　さい。

5.　　　<u>破252条。</u>

6.　　　<u>破253条。</u>

民事再生法

第1章　再生手続の開始

1.　　　<u>民再21条，規12条〜14条。</u>

2.　　　<u>民再24条，規16条。</u>

3.　　　<u>民再79条〜83条，規27条。</u>

4.　　　<u>民再54条〜61条，規20条〜25条。</u>

5.　　　<u>民再62条〜63条，規26条。</u>

6.　　　<u>民再25条。</u>

	/	7.	債権者説明会について定めた条文を指摘しなさい。
	/		
	/		

	/	8.	再生手続開始の決定について定めた条文を指摘しなさい。
	/		
	/		

	/	9.	債権届出期間・調査期間の定めについて定めた条文を指摘しなさい。
	/		
	/		

	/	10.	再生手続開始の申立ての取下げについて定めた条文を指摘しなさい。
	/		
	/		

第2章　再生債権の届出・調査・確定

	/	1.	再生債権の届出について定めた条文を指摘しなさい。
	/		
	/		

	/	2.	簡易再生申立てについて定めた条文を指摘しなさい。
	/		
	/		

	/	3.	同意再生申立てについて定めた条文を指摘しなさい。
	/		
	/		

	/	4.	再生計画認可前の再生手続の廃止について定めた条文を指摘しなさい。
	/		
	/		

	/	5.	認否書の提出について定めた条文を指摘しなさい。
	/		
	/		

7.　　規61条。

8.　　民再33条，規17条。

9.　　民再34条，規18条。

10.　　民再32条。

第2章　再生債権の届出・調査・確定

1.　　民再94条〜97条，規31条〜35条の2。

2.　　民再211条，規107条〜109条。

3.　　民再217条，規110条〜111条。

4.　　民再191条〜193条。

5.　　民再101条，規37条〜38条。

| | | 6. | 債権調査期間について定めた条文を指摘しなさい。 |

| | | 7. | 再生債権者表の作成について定めた条文を指摘しなさい。 |

| | | 8. | 再生債権の査定の裁判について定めた条文を指摘しなさい。 |

| | | 9. | 再生債権の査定の申立てについての裁判に対する異議の訴えについて定めた条文を指摘しなさい。 |

| | | 10. | 再生債権の確定について定めた条文を指摘しなさい。 |

第3章 業務遂行・財産管理処分

| | | 1. | 再生債務者による業務遂行・財産管理処分について定めた条文を指摘しなさい。 |

| | | 2. | 管財人の選任等について定めた条文を指摘しなさい。 |

| | | 3. | 財産の価額の評定等・裁判所への報告について定めた条文を指摘しなさい。 |

| | | 4. | 財産状況報告集会について定めた条文を指摘しなさい。 |

6. 　民再100条〜103条の2。

7. 　民再99条，規36条。

8. 　民再105条。

9. 　民再106条。

10. 　民再104条，111条。

第3章　業務遂行・財産管理処分

1. 　民再38条，規1条。

2. 　民再64条〜78条，規27条。

3. 　民再124条〜125条，規56条〜59条，64条。

4. 　民再126条，規60条，57条，63条。

☐ ___/___
☐ ___/___
☐ ___/___
5. 双務契約の処理について定めた条文を指摘しなさい。

☐ ___/___
☐ ___/___
☐ ___/___
6. 取戻権について定めた条文を指摘しなさい。

☐ ___/___
☐ ___/___
☐ ___/___
7. 別除権について定めた条文を指摘しなさい。

☐ ___/___
☐ ___/___
☐ ___/___
8. 相殺権について定めた条文を指摘しなさい。

☐ ___/___
☐ ___/___
☐ ___/___
9. 共益債権・一般優先債権の支払について定めた条文を指摘しなさい。

☐ ___/___
☐ ___/___
☐ ___/___
10. 否認権行使について定めた条文を指摘しなさい。

☐ ___/___
☐ ___/___
☐ ___/___
11. 法人の役員の責任追及について定めた条文を指摘しなさい。

☐ ___/___
☐ ___/___
☐ ___/___
12. 担保権の消滅について定めた条文を指摘しなさい。

第4章 再生計画案の提出・決議・認可

☐ ___/___
☐ ___/___
☐ ___/___
1. 再生計画案の提出について定めた条文を指摘しなさい。

5.　　　民再49条〜51条。

6.　　　民再52条。

7.　　　民再53条。

8.　　　民再92条〜93条の2。

9.　　　民再119条〜122条。

10.　　民再56条，127条〜141条，規66条〜67条。

11.　　民再142条〜147条，規68条〜69条。

12.　　民再148条〜153条，規70条〜82条。

第4章　再生計画案の提出・決議・認可

1.　　　民再163条〜166条の2，規84条〜88条。

民事再生法

□ /___ **2.** 　再生計画案の決議のための債権者集会について定めた
□ /___ 条文を指摘しなさい。
□ /___

□ /___ **3.** 　再生計画案の決議のための書面等投票について定めた
□ /___ 条文を指摘しなさい。
□ /___

□ /___ **4.** 　再生計画案の決議のための債権者集会・書面等投票の
□ /___ 併用について定めた条文を指摘しなさい。
□ /___

□ /___ **5.** 　再生計画案の可決の要件について定めた条文を指摘し
□ /___ なさい。
□ /___

□ /___ **6.** 　再生計画の認可又は不認可の決定について定めた条文
□ /___ を指摘しなさい。
□ /___

第5章　再生計画認可後の手続

□ /___ **1.** 　再生計画の遂行について定めた条文を指摘しなさい。
□ /___
□ /___

□ /___ **2.** 　再生計画の変更について定めた条文を指摘しなさい。
□ /___
□ /___

□ /___ **3.** 　再生計画の取消しについて定めた条文を指摘しなさい。
□ /___
□ /___

□ /___ **4.** 　再生手続終結決定について定めた条文について説明し
□ /___ なさい。
□ /___

2. 民再169条2項1号，規90条1項。

3. 民再169条2項2号，規90条2項〜4項。

4. 民再169条2項3号。

5. 民再172条の3。

6. 民再174条，規93条。

第5章　再生計画認可後の手続

1. 民再186条。

2. 民再187条，規94条。

3. 民再189条，規95条。

4. 民再188条。

	/	
□	/	5.

5. 再生計画認可後の手続廃止について定めた条文を指摘しなさい。

第6章　その他の手続

□ / 　1.　住宅資金貸付債権に関する特則について定めた条文を指摘しなさい。

□ / 　2.　破産手続から再生手続への移行について定めた条文を指摘しなさい。

□ / 　3.　再生手続から破産手続への移行について定めた条文を指摘しなさい。

5.　　　民再193条〜194条，規98条。

第6章　その他の手続

1.　　　民再196条〜206条。

2.　　　民再246条〜247条。

3.　　　民再248条〜254条。

実践編

破産法

司法試験　倒産法　平成28年　第1問

問題文
　次の事例について，以下の設問に答えなさい。

【事　例】
　A商事株式会社（以下「A社」という。）は，長年，食品製造機械メーカーであるB社及びC社から機械を仕入れ，得意先の食品製造会社であるD社やE社らに販売していた。
　A社は，市場の縮小傾向により，徐々に経営が苦しくなり，ここ数年は赤字決算を繰り返していたが，平成28年3月末日の資金繰りに窮し，同月25日，取締役会において破産手続開始の申立てを行う旨決議し，支払を停止した。その後，A社は，同年4月1日，破産手続開始の申立てを行い，同月5日，破産手続開始の決定を受け，破産管財人Xが選任された。

〔設　問〕
　以下の1及び2については，それぞれ独立したものとして解答しなさい。

1．A社は，平成27年12月10日，B社から機械αを代金1000万円で購入し，同日，その引渡しを受けたが，代金の支払期日は平成28年3月末日とされていた。A社は，この機械αの売却先を探していたところ，同月15日，D社との間で，機械αを1500万円で売却する売買契約（以下「本件売買契約」という。）を締結することができた。なお，機械αの引渡し及び代金の支払期日は，D社の買取り資金の調達の都合により，いずれも1か月後の同年4月15日とされ，所有権の移転時期も同日とされていた。
　A社の破産手続開始時において，本件売買契約に基づくA社及びD社の各債務は，双方とも履行されておらず，機械αはA社の自社倉庫内に保管されていた。破産管財人Xは，選任された直後，B社からは，機械αの代金1000万円を支払うか，それができないとすれば機械αを返還するよう求められ，D社からは，本件売買契約に従い機械αを引き渡すよう求められた。
　⑴　B社は，機械αの代金1000万円を回収したいと考えている。この債権の回収につき，考えられる法的根拠及び権利行使の方法を論じなさい。なお，B社は，本件売買契約の存在を知らないこととする。
　⑵　Xは，機械αの代金1500万円をD社から回収し，破産財団を増殖したいと考えている。Xがこの代金を回収する場合に，破産手続上必要とされる手続及び効果について，その制度趣旨を踏まえて，論じなさい。
　⑶　Xは，⑵の手続を経て，D社から機械αの代金1500万円を回収した。

その後, この事実を知ったB社は, 破産財団から優先的に機械αの代金相当額である1000万円の弁済を受けたいと考えた。B社は, 破産財団から優先的に弁済を受けることができるか。予想されるXからの反論を踏まえて, 論じなさい。

2. A社は, かねてからC社に運転資金の融通を求めていたところ, C社は, これに応じ, 平成27年9月25日, A社に対し, 弁済期を平成28年9月末日として, 2500万円を貸し付けた(以下, この貸付に係る債権を「本件貸付金債権」という。)。

A社は, 平成28年1月20日, C社から機械βを代金2000万円で購入し, 同日, その引渡しを受けたが, 代金の支払期日は同年3月末日とされていた。そこで, A社は, C社の要請に応え, この売買契約の締結と同時に, C社との間で, C社のA社に対する売買代金債権2000万円を担保するため, 機械βにつき譲渡担保権を設定する内容の譲渡担保契約(以下「本件譲渡担保契約」という。)を締結した。本件譲渡担保契約には, A社が支払を停止したときは当然に期限の利益を喪失し, C社は譲渡担保権の実行として, 自ら機械βを売却し, 清算をするとの約定があった。

A社の支払停止時, 機械βはA社の自社倉庫内に保管されていたが, A社の支払停止を知ったC社は, 本件譲渡担保契約に基づき, 直ちにA社の同意を得て機械βを引き揚げた(なお, この引揚げは適法なものとする。)。

A社の破産手続開始後, 得意先であったE社は, C社が機械βを引き揚げたとの情報を得, C社に対し, 是非購入したいと申し入れた。そこで, C社は, E社に機械βを売却することとしたが, 一旦商品として出荷された機械の価値は中古市場においては半減することが通常であるため, その売却価格は, A社の通常販売価格である3000万円の半額程度とされてもやむを得ないと考えていた。ところが, 交渉の結果, E社への売却価格は, 通常販売価格の8割に相当する2400万円となり, これによって, C社は, A社に対する売買代金債権2000万円を全額回収できた上, 期待していなかった剰余金400万円が生じた。本件譲渡担保契約は, 前記の約定のとおりいわゆる処分清算型とされており, C社はこの剰余金400万円をA社に返還する債務を負うこととなった。

そこで, C社としては, A社のC社に対する剰余金返還債権400万円と本件貸付金債権2500万円との相殺をしたいと考えている。C社の相殺は認められるか。破産法の条文の構造と予想されるXの反論を踏まえて, 論じなさい。

『条文』と『基本知識』を用いた思考過程の解説

1　問を確定する

　倒産法事例問題を分析するに当たっては，〔設問〕部分をまずは正確に読み取ることが不可欠である。問をしっかりと確定し，答案の大枠部分をまずは作り上げることが重要である。

　設問1(1)については，「B社が，機械αの代金1000万円を回収する場合に考えられる法的根拠及び権利行使の方法」が問われている。

　設問1(2)については，「Xが，機械αの代金1500万円をD社から回収する場合に，破産手続上必要とされる手続及び効果」が問われている。

　設問1(3)については，「B社が，破産財団から優先的に機械αの代金相当額である1000万円の弁済を受けることができるか」が問われている。

　設問2については，「C社による，A社のC社に対する剰余金返還債権400万円と本件貸付金債権2500万円との相殺が認められるか」が問われている。

2　設問1(1)について

　まずは，権利関係の分析から入る。この部分は民法と同じ分析手法となる。そうすると，A社B社間の売買契約（民555）は，機械αという動産を目的物とする売買契約であり，B社はA社に対し，売買契約に基づく1000万円の代金支払請求権を有していることになる。かつ，「動産」の売買であるため，法定担保権としての，動産先取特権（民311⑤，321）を有している。この民法上の分析ができないと，本設問（以降の設問も含む。）は解答できなくなる。倒産法の問題は，常に「民法等の実体法の正確な分析」から入ることが極めて重要である。

　次に，本小問では，既にA社の破産手続開始決定がなされた後のB社の権利行使方法が問われているため，破産法の分析に入ることになる。ここで注意しなければならないのは，上記のように，動産先取特権が発生している点について分析することができた場合，B社の売買契約に基づく代金支払請求権が，破産債権（破2Ⅴ）に該当することを確認すること，そして，それを答案に示すことを忘れてしまうことである。破産債権該当性は，債権者が破産手続に参加できるか否かのスタートとなる部分であるから，これを忘れないようにしていただきたい。

　動産先取特権については，破産手続の上では別除権と認定されることになる。これを示した後，その実行方法を示すことである。これも，破産法ではなく，民事執行法上の知識である。一般民事手続（民法・民事訴訟法・民事保全法・民事執行法）と，破産手続との連動を普段から意識していれば，現場で条文を検索するだけであるので，さほど難しくないであろう。

3　設問1(2)について

　破産管財人たるXによる債権回収方法が問われている。本問では，A社とD社との間で，本件売買契約が締結されていたのであり，実体法上は，A社はD社に対し，当該契約に基づく1500万円の請求をなし得た。ここまで分析ができれば，典型的な双方未履行の双務契約（破53 I ）の処理となることが分かるであろう。この場合，①双務契約の認定②双方の債務が未履行であることの認定は必須である。

　次に，破産手続上必要とされている手続と効果を踏まえて論じることが求められているので，これらについて破産法から該当する条文を検索する必要がある。そして，加えて，制度趣旨を踏まえて論じることが求められているため，趣旨について一言触れられれば十分合格答案となろう。なお，このような誘導がなくとも，倒産法においては，条文の説明を行う際に，趣旨を簡単にでも示すことができれば，加点となる。

4　設問1(3)について

　ここも，まずは実体法上の権利関係の分析を行うことが大事である。(2)の手続を経て，Xが既に機械αの代金を回収してしまっているため，もはやB社は実体法上，動産先取特権（別除権）に基づく物上代位権の行使によって1000万円を回収することはできない。これは民法の知識であり，答案上にしっかりと示す必要がある。

　そこで，設問を読むと，B社は，「破産財団から」，「優先的に」，「弁済」を受けることができるかが問われている。したがって，破産財団から優先的に弁済を受けることができる権利を探すことになる。ここまでの分析ができたら，B社が破産財団から随時弁済を受けることのできる財団債権を有していないかを検討することになる。財団債権については，破産法148条以下に規定があるので，Xが機械αを売却したという事実から，何とか思考を巡らせて，適切な条文選択をしたいところである。

　ここでは，動産売買先取特権の対象である動産について，差押えがなされていない状態で，破産管財人が任意売却して先取特権の追及効を失わしめ，換価代金を破産財団に組み入れる行為が破産管財人の善管注意義務違反等になるかが問題となる。裁判例レベルでは，出題の趣旨にあるように，動産先取特権には追及効がなく，弱い担保権であるとして，これを消極に解している（東京地判平3.2.13，名古屋地判昭61.11.17等）。

　また，出題の趣旨では，不法行為構成（民709，破148 I ④），不当利得構成（民703，破148 I ⑤）などが挙げられるが，いずれか一つを選択して，適切に論じられればどちらでも構わないと思われる。

5 設問2について

　本設問では,相殺の可否が問われているので,実体法上の分析(民505を含む。)を前提に,破産法67条以降の要件充足性を検討していくことになる。相殺については,思考パターンをまずは確立することと,破産法67条2項に規定されている自働債権・受働債権の種類についての正確な理解が必須である。

　まず,自働債権については,本件貸付金債権が金銭消費貸借契約に基づき生じたものであり,破産債権に該当し,破産手続開始決定によって現在化される。次に,受働債権であるが,本件譲渡担保契約が処分清算型であることに鑑みると,A社のC社に対する剰余金返還請求権は,停止条件付債権であるといえる。ここまで来れば,百選をしっかりとおさえておけば,掲載判例(最判平17.1.17)を想起することができるであろう。この判例を示すことができれば,合格レベルにはなるものと考える。そして,同判例の「特段の事情」について検討することができれば,上位合格レベルと思われる。なお,「特段の事情」については,同判例の調査官解説は,相殺権の濫用に当たる場合として狭く解しているものの,条件成就前に受働債権の金額が未確定の場合を指す場合(最判昭47.7.13)と解する見解もあり,問題文の事情に合わせて,具体的な基準を変えていくことができればよい。出題の趣旨には,いずれの場面であるかの整理が求められているような記載があったが,このような「判例の射程」というような書き方をしなくても,十分に(上位)合格答案は作成できる。法律答案のルールに従った論述ができる部分なので,まずはしっかりとその流れを示すことが大事である。

模範答案

第1　設問1(1)

1　B社がA社に対して有する1000万円の代金支払請求権は，債務者たるA社の破産手続開始決定より前になされた売買契約に基づいて生じた財産上の請求権であるから，破産債権（破産法（以下，法令名省略。）2条5項）となる。そのため，B社は，個別の権利行使が禁止され，破産手続によらなければ上記請求権を行使できず（100条），届出・調査・確定手続を経て配当を得るという権利行使方法により債権の回収を図ることになると思われる。

2　もっとも，B社は，機械αにつき動産先取特権（民法311条5号，321条）を有しているところ，これは破産手続においては特別の先取特権として別除権（2条9項）となる。そこで，上記請求権は，別除権付破産債権となり，別除権につき破産手続によらないで担保権実行が可能となる（65条1項）。具体的には，機械αはA社の自社倉庫内に存在しているので，B社は執行裁判所の動産競売開始許可を得た上で，動産競売（民事執行法190条1項3号，2項）を行うという権利行使方法により，その代金から債権の回収をすることが考えられる。そして，この方法を採用した場合，破産手続においては，上記担保権の実行により弁済を受けることができない債権の額についてのみ，破産債権者としてその権利を行使することができる（108条1項）。

第2　設問1(2)

1　D社との本件売買契約は，XのD社に対する機械αの引渡債務と，D社のXに対する代金支払債務とが双方未履行の双務契約に当たり，53条1項の適用を受けるため，破産管財人Xは，本件売買契約の解除か履行の選択を行うことになる。そして，Xが履行の選択をして，1500万円の回収をする場合には，裁判所の許可（78条2項9号，3項1号，破産規則25条）が必要である。これは，清算型手続たる

破産手続においては，破産管財人は双方未履行契約を解除することが原則であるため，例外措置である履行選択の可否を慎重に判断する趣旨である。

2　もっとも，D社のA社に対する機械αの引渡請求権とXのD社に対する本件代金支払請求権は，同時履行の関係にあり，D社は同時履行の抗弁権（民法533条）を有している。そうだとすれば，Xが53条1項に基づく履行の選択をした場合に，D社の上記請求権が破産者に対し破産手続開始前の原因に基づいて生じた財産上の請求権であることをもって破産債権（2条5項）と扱われると，D社の完全な満足が確保されず，公平に反する。そこで，相手方たるD社の機械αの引渡請求権は財団債権として扱われ，随時弁済を受けることになる（148条1項7号，151条）。

第3　設問1(3)

1　本件では，XがD社から既に代金を回収しているところ，B社はその前に「差押え」（民法304条1項ただし書）を行っていない。そのため，B社は，別除権者としての動産売買先取特権に基づく物上代位権の行使をすることができない。そこで，B社としては，Xが機械αをD社に売却したことによって，B社の動産売買先取特権の行使を不可能にしている点に善管注意義務違反（85条）が認められ，不法行為（民法709条）に基づく損害賠償請求権が発生し，これは財団債権（148条1項4号）となるため，破産財団から優先的に1000万円の弁済を受けることができると主張することが考えられる。これに対し，Xとしては，破産財団に含まれ，かつXが占有していた機械αを売却することはその職責上当然であり，何ら善管注意義務違反は認められないと反論することが予想される。そこで，本件Xに善管注意義務違反は認められるか。

2　動産売買先取特権は，動産の売買によって当然に発生する法定担保権であるところ，その効力としては目的物を競売してその競落代金から優先弁済を受けるにとど

まる。また，第三取得者への引渡し後の追及効がなく（民法333条），その行使も，前述のように代金回収前に差押えが必要であることからすれば，動産先取特権は弱い担保権といえる。このような性質に照らせば，破産財団の管理処分権が専属し，総債権者の利益を図るべく破産財団に属する動産を早期に換価すべき職責を有している破産管財人には，動産先取特権を保存すべき法律上の義務があるとはいえず，当該目的動産を換価しても善管注意義務違反とはならない。

3　よって，上記Xの行為は善管注意義務違反ではないため，B社は，破産財団から優先的に1000万円の弁済を受けることができない。

第4　設問2

1　まず，自働債権たるC社のA社に対する本件貸付金債権は，破産手続開始前の金銭消費貸借契約（民法587条）に基づいて発生した金銭債権であり，破産債権に当たる（2条5項）ため，C社は，「破産債権者」に当たる。そして，上記自働債権は，破産手続開始決定によって現在化（103条3項）しており，弁済期が到来している。また，本件譲渡担保契約が処分清算型であることから，受働債権たるA社のC社に対する剰余金返還請求権は，停止条件付債権であると考えられるところ，破産債権者の負担する債務が条件付債務であるときには相殺が可能である（67条2項後段）。そのため，民法505条及び67条の要件を充足する。

2　もっとも，Xからは，破産手続開始後の債務負担については相殺が禁止されている（71条1項1号）ことからすると，破産手続開始後に停止条件が成就した場合も，相殺禁止規定に抵触し，かつ，同条2項の相殺禁止解除規定が適用されないため，相殺は許されないと反論することが考えられるが，これは認められるか。

⑴　67条2項後段の趣旨は，債権者の破産手続開始時における相殺の担保的機能への期待を保護しようとする点にあるところ，停止条件付債務であっても危機時

期認識前に債務を負っていたのであり，自己の債権との相殺に向けた合理的期待を保護すべきである。また，民事再生手続とは異なり，破産手続においては相殺権の行使時期につき何らの制限も設けられていない。したがって，破産手続開始後に受働債権につき停止条件が成就した場合，相殺の合理的期待が認められないような特段の事情がなき限り，同条項後段により相殺が認められる。

⑵　本件のような処分清算型の譲渡担保契約おける剰余金返還債務は，そもそも停止条件成就前に発生するか否か及びその額も，実行前までは確定しないという性質を有している。そして，本件C社は，機械βの売却価格について，通常販売価格の半額程度でもやむを得ないと考えていたところ，これが2400万円で売却されたことにより，C社が期待していなかった剰余金返還債務の負担が破産手続開始後に現実化している。そうだとすれば，本件譲渡担保契約を締結した時点において，C社に相殺の合理的期待は認められない。したがって，特段の事情が認められる。

3　以上より，Xの反論が認められ，C社は相殺することができない。

以　上

民事再生法

司法試験　倒産法　平成28年　第2問

問題文
　次の事例について，以下の設問に答えなさい。

【事　例】
　X社は，平成9年に設立された建設資材の輸入・販売を業とする株式会社である。Aは，X社の代表取締役であり，同社に自己資金を貸し付け，これを運転資金に充てていた。Y社は，X社の発行済株式の70パーセントを有するいわゆる支配株主であり，同社に運転資金も融通していた。Bは，Y社の代表取締役であり，同社の発行済株式の全てを有している。Z社は，同じくBが代表取締役を務める建設会社であり，X社の得意先である。X社とZ社との取引は，Bの主導によって開始されたものであり，X社のZ社に対する平成25年3月末期の売上は，X社の総売上高の30パーセント余りを占めていた。
　X社は，平成25年末頃から始まった円安の影響を受けて業績不振に陥っていたところ，平成26年3月に入ると，Z社がBの放漫経営により破綻したため，同社に対する売掛金の回収ができなくなった。その結果，X社は，同月末日の資金繰りに窮することとなった。
　X社は，以上のような経緯から，破産手続開始の原因となる事実の生ずるおそれがあるとして，平成26年3月20日に再生手続開始の申立てをした。同日，X社について監督命令が発せられ，弁護士Kが監督委員に選任された。
　平成26年3月28日，X社について再生手続開始の決定がされた。

〔設　問〕
1．X社は，Z社に代わる新たな得意先を獲得する見込みの下で事業計画を作成し，この事業計画が実現可能であり，計画弁済の履行が可能であると見込まれたことから，平成26年7月7日，裁判所に対し，再生債権者の権利の変更に関する定めとして下記の条項のある再生計画案（以下「本件再生計画案」という。）を提出した。

記

1　確定再生債権額
　　元本並びに再生手続開始決定日の前日までの利息及び遅延損害金
　　　　　　　　　　　　　　　　　　　　合計2億0121万7591円
　　再生手続開始決定日以降の利息及び遅延損害金
　　　　　　　　　　　　　　　　　合計32万6055円及び額未定

なお，未確定の再生債権及び不足額が確定していない別除権付債権はない。
2　権利変更の一般的基準
　①　全ての確定再生債権につき，再生手続開始決定日以降の利息及び遅延損害金は，再生計画の認可の決定が確定した時（以下「認可決定確定時」という。）に全額の免除を受ける。
　②　確定再生債権の元本並びに再生手続開始決定日の前日までの利息及び遅延損害金の合計額は，次の③及び④の確定再生債権を除き，10万円までの部分は免除を受けず，10万円を超える部分は認可決定確定時にその80パーセントの免除を受ける。
　③　Aの確定再生債権のうち，元本並びに再生手続開始決定日の前日までの利息及び遅延損害金の合計額は，認可決定確定時にその全額の免除を受ける。
　④　Y社の確定再生債権のうち，元本並びに再生手続開始決定日の前日までの利息及び遅延損害金の合計額は，10万円までの部分は免除を受けず，10万円を超える部分は認可決定確定時にその85パーセントの免除を受ける。
3　弁済方法
　権利変更後の金額のうち，10万円までの部分は，再生計画の認可の決定が確定した日から1か月を経過した日の属する月の末日までに支払い，その余の部分は，10回に均等分割して平成27年から平成36年まで毎年4月末日限り支払う。
4　個別条項
　（略）

　本件再生計画案の提出を受けた裁判所は，これを決議に付する旨の決定をすることができるか。本件再生計画案2①から④までの各条項について，民事再生法上の問題点を踏まえて，論じなさい。
　なお，各条項はいずれも民事再生法第174条第2項第4号には該当しないこと，Aは2③の免除に同意していること，Y社は2④の免除には同意していないことを前提とする。

2．本件再生計画案は，平成26年7月14日，決議に付する旨の決定がされ，同年9月3日に開催された債権者集会において可決された（以下，可決された本件再生計画案を「本件再生計画」という。）。同日，本件再生計画について認可決定がされ，同月29日に確定した。
　　X社は，本件再生計画の認可決定が確定した後も，事業計画で見込んでいたZ社に代わる新たな得意先の獲得ができなかったことなどから，事業計画どおりには業績を上げることができなかった。そのため，X社は，平成27年4月末日までの本件再生計画に基づく弁済は何とか行ったものの（総額520万4000円），平成28年1月末日現在，同年4月末日の弁済の見込みは立たな

かった。とりわけ，最も大口の債権を有するG銀行（確定再生債権額8000万円）に対する弁済資金の確保は困難であることが判明した。

(1) 再生計画認可後の再生手続においてX社及びKが果たすべき役割について述べた上で，X社として採り得る方策を論じなさい。

(2) G銀行は，本件再生計画に基づき，平成27年4月末日までに合計169万8000円の弁済を受けたものの，結局，平成28年4月末日に支払われるべき159万8000円の弁済は受けられなかった。この場合にG銀行として採り得る方策を論じなさい。

『条文』と『基本知識』を用いた思考過程の解説

1 問を確定する

設問1では，再生計画案が掲載されている。過去問の中には，本問のように，再生計画案が掲載されていることがあり，その場合，当然のことながら，それを読み解かないと答案が書けないようになっているので，本問を通じてそのような設問に慣れていただきたい。

設問1については，「本件再生計画案の提出を受けた裁判所が，これを決議に付する旨の決定をすることができるか」が問われている。

設問2(1)については，「再生計画認可後の再生手続においてX社及びKが果たすべき役割」，及び「本件状況におけるX社として採り得る方策」が問われている。

設問2(2)については，「本件状況におけるG銀行として採り得る方策」が問われている。

2 設問1について

上記のように，本件再生計画案の提出を受けた裁判所が，これを「決議に付する旨の決定」をすることができるかが問われているのであるから，再生計画案の提出，及び決議に付する旨の決定について規定された条文を民事再生法の中から検索することになる。この作業ができれば，答案の大枠が決まる。このような思考方法は，倒産法で必須の思考方法であり，過去問で何度も問われているところであるから，しっかりと身に着けていただきたい。決して，「論点を探す」という発想にならないこと。

このような思考方法を採ると，民事再生法169条にたどり着くであろう。同条1項を見ると，各号のいずれかに該当する場合を除き，裁判所は再生計画案を決議に付する旨の決定をしなければならないのであるから，各号を検討していくことになる。問題文を読むと，関連するのは，やはり同条1項3号の事由であろう。そこで，民事再生法174条2項各号をチェックしていくことになる。同条項の2号から4号の事由については，問題文中に事実が記載されていない（4号については，これに反しないことが問題の前提となっているため，問題とならない。）。したがって，1号の要件充足性の問題となる。あとは，問題文に再生計画案が掲載されているので，1号にあるように，「再生計画が法律の規定に違反」しているかを検討していくことになる。

そうなれば，次は，再生計画案について書かれた規定を検索することになる。目次等を活用し，なんとか民事再生法155条以下の条文にたどり着いていただきたい。あとは，民事再生法155条1項を読むと，まさに本件再生計画案がその条文を（問題点として）具体化してくれている。倒産法の問題文の一部は，

条文が具体化されたものである。この発想をしっかりと持っていれば，倒産法で大きく外すことはない。

民事再生法155条1項の要件該当性については，誰も論証等を用意していないところであろう。したがって，ここは，法律答案のルールにしたがって，趣旨を示しつつ論じていけば足りる。

3　設問2(1)について

まずは，再生計画認可「後」の再生手続においてX社及びKが果たすべき役割が問われているため，再生計画認可「後」の手続が規定されている条文を，民事再生法から探すことになる。思考方法は設問1と全く同じである。民事再生法186条以下にたどり着けなかった方は，普段の条文の素読をしっかりと行う必要があるところである。ここでも，有名論点は一切出てこない。そうすると，民事再生法186条1項及び2項がすぐに見つかるであろう。再生債務者の地位については，民事再生法38条に規定があり，監督委員については，民事再生法54条以下に規定があるが，これらはあくまで付随的なものであり，上記思考方法を前提とすると，やはり民事再生法186条を示さなければ合格点は来ないであろう。

本件状況におけるX社として採り得る方策についても，再生計画の認可「後」の問題であるから，民事再生法186条以下に書かれている。設問の事例を読むと，X社は，当初の再生計画案どおりの弁済ができない状況に陥っている。そうすると，X社としては，再生計画の変更の申立て（民再187）をすることになるだろう。同条1項の要件を検討していけばよい。問題文には，やはり，あてはめてほしい事実が掲載されている。

変更ができないようであれば，もはや再生手続の廃止の申立て（民再194）ということも考えられる。ここも，端的に条文を示し，要件を検討すれば十分である。

なお，一般的に採り得る倒産法上の手段が問われた場合は，その申立権者に注目をしておくとよい。例えば，再生計画の取消し（民再189 I）の申立権者は，「再生債権者」である。思わぬミスの原因となるので，注意すること。

4　設問2(2)について

G銀行としては，再生計画の取消し（民再189 I）を申し立てるであろう。そして，本問の事実を前提とすると，1項2号，及び3項にあてはめてほしいといわんばかりの事実が問題文に記載されている。この流れは，他の年度の過去問でも出題されている以上，落としてはならない部分である。当然のことながら，効果論としての同条7項も忘れないようにしたい。

出題の趣旨では，再生債権者表の記載を債務名義とした強制執行（民再180）の申立てについても触れられていたが，ここは触れられなくても十分に合格答

案になったと思われる。

5　以上見てきたとおり，本問は，有名論点の論証は一切求められていない。

　このような問題については，やはり，実体法上の権利関係の分析と，条文からのアプローチに尽きる。全ての設問は，同じ思考パターンとなっていることを再度確認していただきたい。倒産法においては，そのような思考パターンができるかどうかが，真正面から問われているのであり，かつ，これは実務においても極めて重要な思考パターンであるといえる。

模範答案

第1　設問1

1　裁判所が，本件再生計画案を決議に付する旨の決定をするためには，民事再生法（以下，法令名省略。）169条1項各号の事由に該当しないことが必要である。本件裁判所は，本件再生計画案2①から④が，「法律の規定に違反」（174条2項1号）するのであれば，決議に付する旨の決定をすることができない（169条1項3号）。そして，本件再生計画案2①から④は，いずれも免除を受ける割合を異にする権利変更の内容を定めている。そこで，本件再生計画案は，「再生計画による権利の変更の内容は，再生債権者の間では平等でなければならない」とする155条1項本文に反しており，「法律の規定に違反」しているとも考えられる。もっとも，本件再生計画案2①から④が，上記平等原則の例外を定めた155条1項ただし書に該当するのであれば，「法律の規定に違反」したとはいえないため，以下検討する。

2　本件再生計画案2①は，再生債権（84条2項2号）たる再生手続開始後の利息及び遅延損害金を全て免除するという条項であるところ，155条1項ただし書は，上記再生債権について不平等の扱いを認めている。その趣旨は，再生手続開始後の利息及び遅延損害金は，そもそも再生債権の中でも劣後的な性質を有しているためこれを劣後的に取り扱う方が衡平であるという点にある。

3　本件再生計画案2②は，2③及び④記載の確定再生債権を除く確定再生債権の合計額10万円までの部分は免除を受けず，10万円を超える部分は80パーセントの免除を受けるという条項であるところ，155条1項ただし書は，「少額の再生債権」について別段の定めをすることができるとしている。その趣旨は，少額の再生債権者に対して弁済をすることによって，再生手続を円滑に進めることを目的とする。そして，本件再生債権の総額が約2億円であるのに対して，免除しない債権の額は，10万円にすぎず，「少額」といえる。

4　本件再生計画案2③は，Aの債権について，再生手続開始決定前の債権全額について免除するという条項であり，かつ，Àが本件免除に同意をしているところ，155条1項ただし書は，再生債権者の同意があれば，不利益な再生計画を定めることができるとしている。その趣旨は，同意がある以上，不利益に扱っても構わないといえる点にある。

5　本件再生計画案2④について，Y社の再生債権について，10万円を超える部分につき，Y社の同意なくして他の再生債権よりも5パーセント高い85パーセントの免除率を定めるものであるところ，155条1項ただし書では，「衡平を害しない場合」には，他の再生債権者との間で差を設けることを認めている。

同条項ただし書の趣旨は，再生手続開始の原因を作った者や内部者等を不利益に扱うことにより実質的な債権者平等を達成する点にある。そこで，「衡平を害しない場合」とは，当該再生債権者の再生債権を劣後させることで実質的に債権者平等を達成できる場合をいう。

本件X社が再生手続を開始することに至った原因は，X社の株式を70パーセント保有する支配株主たるY社の代表取締役であり，かつY社の株式を全て保有している株主Bが，X社と取引関係にあったZ社を放漫経営したために，X社が資金繰りに窮するに至ったことにある。そうだとすれば，Y社がX社の再生手続の開始原因を作出したのと同視することができるところ，このようなY社を他の債権者よりも免除率を5パーセントほど不利益に扱っても債権者平等を害しないといえる。よって，「衡平を害しない場合」に当たる。

6　以上より，本件再生計画案2①から④の条項は，「法律の規定に違反」しているとはいえず，169条1項3号に該当しないため，本件裁判所は，本件計画案を決議に付する旨の決定をすることができる。

第2　設問2⑴
1　X社及びKが果たすべき役割
　　再生計画認可後の再生手続においても，再生債務者たるX社は，業務遂行権及び財産管理処分権（38条1項）を有し，債権者に対し公平誠実にこれらの権利を行使し再生手続を追行する義務を負う（38条2項）。そのため，X社は，自らの責任において再生計画を履行すべき役割を果たすべきである（186条1項）。また，Kは，監督委員（54条1項）であり，その職務について善管注意義務を負う（60条1項）。そのため，Kは，再生債務者たるX社の再生計画の履行が適正になされているかにつき監督する役割（186条2項）を果たすべきである。
2　X社として採り得る方策
　⑴　まず「再生債務者」たるX社としては，「再生計画に定める事項」たる弁済率を下げるべく，再生計画の変更の申立て（187条1項）という方法を採ることが考えられる。
　　　再生計画は再生債権者の決議を経て認可されたものであり，安易に変更を認めるべきではないという点を考慮すると，同条項の「やむを得ない事由」とは，再生計画認可時にそのような事情を予想していたならば計画の内容が違っていたはずだと思われる程度の重要な事由をいう。
　　　本件X社は，Z社に代わる新たな得意先を獲得する見込みのもとで事業計画を作成しているが，仮にそのような見込みがなければ，本件再生計画の内容たる弁済率はより低くなっており，将来収益の見込みが外れたことは重要な事由といえ，「やむを得ない事由」があるといえる。よって，X社は上記方法を採り得る。
　⑵　そして，再生手続の変更が認められない場合，X社は，再生債務者として，もはや再生計画を履行すべき役割を果たすことができず，再生手続を継続することは利害関係人の利益を害する。そこで，X社としては，「再生計画が遂行される見込みがないことが明らか」であるとして再生手続廃止を申し立てる（194条）という方法を採り得る。

第3　設問2⑵
1　まず，G銀行としては，再生債権者表の記載を債務名義とした強制執行を申し立て（180条），159万8000円を回収するという方策を採り得る。
2　また，G銀行としては，「再生債務者」たるX社が，「再生計画の履行を怠った」として，再生計画の取消しの申立て（189条1項2号）という方策を採り得る。
　　本件再生計画中の「2　権利変更の一般的基準」及び「3　弁済方法」の内容や，平成27年4月末日における第1回の弁済総額が520万4000円であること，G銀行の確定再生債権が8000万円であること等からすると，「再生計画の定めによって認められた権利」から「履行された部分」を除いた額はおよそ4700万円であり，G銀行が受けるべき弁済総額はおよそ1600万円ということになる。そうすると，G銀行は「裁判所が評価した額の10分の1以上に当たる権利を有する再生債権者」に当たることは明らかである。また，G銀行は平成28年4月末日までに支払われるべき金額159万8000円につき「履行を受けていない」。したがって，189条3項の要件を充足する。
　　この申立てを認める決定が確定すれば，再生債権は原状に復し（189条7項本文），再生計画による減免等の権利変更がされる前の状態に戻るため，G銀行は，8000万円の債権を有することになる。そのため，G銀行としては，破産手続への移行がなされない限り，当該債権について強制執行をすることができる（189条8項，185条1項）。したがって，上記再生計画表に基づく強制執行よりも多くの債権回収をし得るため，G銀行としては当該方策を採るべきである。　　　　　　　　以　上

判例索引

倒産法判例百選〔第6版〕掲載一覧表

> **S**：事案と判旨を読み，できれば論証化までしておくべき判例
> **A**：事案と判旨を読んでおき，理由と結論を理解しておくべき判例
> **B**：事案と判旨を一度ざっと読み，結論を押さえておくべき判例
> **C**：事案は読まなくてもよく，争点と結論を確認する程度で足りる判例
> **D**：そもそも読む必要すらないと思われる判例

百選番号	ランク	事件名	判例年月日	掲載頁
1	D	倒産手続と憲法的保障(1)——裁判を受ける権利	最大決昭45.6.24, 最決平3.2.21	—
2	D	倒産手続と憲法的保障(2)——財産権の保障	最大決昭45.12.16	—
3	A	支払不能——支払能力の内容	東京高決昭33.7.5	7, 9
4	S	支払停止——支払不能の推定	福岡高決昭52.10.12	9
5	A	債務超過の判断要素	東京高決昭56.9.7	11
6	B	破産手続開始申立てに対する事前協議・同意条項の効力	東京高決昭57.11.30	13
7	A	再生計画不認可決定確定後の再度の再生手続開始の申立て	東京高決平17.1.13	17
8	B	再生計画案可決の見込みと申立棄却事由	東京高決平13.3.8	17
9	A	不当な目的による再生手続開始の申立て	東京高決平24.9.7	—
10	A	債権質の設定者の破産手続開始申立権	最決平11.4.16	13
11	A	申立代理人の義務	東京地判平21.2.13	25
12	A	破産手続開始決定に対する株主の即時抗告申立権	大阪高決平6.12.26	23
13	B	破産手続開始決定に対する即時抗告期間	最決平13.3.23	—
14	A	株主総会決議不存在確認訴訟が提起された株式会社の破産と訴えの利益	最判平21.4.17	21
15	S	破産管財人の第三者性(1)——建物保護法1条の第三者	最判昭48.2.16	—
16	S	破産管財人の第三者性(2)——民法467条2項の第三者	最判昭58.3.22	27
17	A	破産管財人の善管注意義務	最判平18.12.21	25
18	D	破産管財人の源泉徴収義務	最判平23.1.14	—
19	S	再生債務者の第三者性——民法177条の第三者	大阪地判平20.10.31	29
20	A	破産管財人による不当利得返還請求に対する不法原因給付の主張の可否	最判平26.10.28	29
21	B	破産管財人の破産手続終了後の地位	最判平5.6.25	95
22	B	責任追及等の訴え	東京地決平12.1.27	23
23	B	破産財団の範囲(1)——名誉毀損による慰謝料請求権	最判昭58.10.6	33
24	B	破産財団の範囲(2)——保険金請求権	最判平28.4.28	33
25	B	営業譲渡についての代替許可の要件	東京高決平16.6.17	—
26	A	支払不能(1)——弁済期の到来	東京地判平19.3.29	7
27	A	支払不能(2)——無理算段	高松高判平26.5.23	7
28	S	支払停止	最判昭60.2.14, 最判平24.10.19	9
29	B	総破産債権の消滅と否認権の行使	最判昭58.11.25	35

百選番号	ランク	事件名	判例年月日	掲載頁
30	A	給与支給機関から共済組合への払込みと否認	最判平2.7.19	37
31	S	借入金による弁済と否認	最判平5.1.25	43
32	A	相当対価での事業譲渡と否認	東京高判平25.12.5	—
33	B	会社分割と否認	東京高判平24.6.20	37
34	A	代物弁済と否認	最判昭41.4.14	43
35	B	動産売買先取特権の目的物を転売先から取り戻してする代物弁済と否認	最判平9.12.18	43
36	A	保証・担保の供与と無償否認	最判昭62.7.3	39, 41
37	B	無償否認の要件 —— 債務超過の要否	最判平29.11.16	—
38	S	対抗要件の否認	最判昭45.8.20	45
39	S	停止条件付集合債権譲渡契約と否認権	最判平16.7.16	45
40	A	執行行為の否認	最判昭57.3.30	13, 55
41	B	否認の登記と転得者	大阪高判昭53.5.30	—
42	A	弁済否認と連帯保証債務の復活	最判昭48.11.22	49
43	B	否認による価額償還 —— 算定基準時	最判昭61.4.3	49
44	A	否認の効果が及ぶ範囲	最判平17.11.8	49
45	S	破産債権に対する自由財産からの弁済と不当利得の成否	最判平18.1.23	63
46	A	物上保証人の複数被担保債権の一部の全額弁済と開始時現存額主義	最判平22.3.16	67
47	A	開始時現存額主義と超過配当の扱い	最決平29.9.12	67
48	A	財団債権・共益債権の代位弁済者による原債権の倒産手続外行使の可否	最判平23.11.22, 最判平23.11.24	69
49	B	再生債権として届け出られた共益債権の取扱い	最判平25.11.21	—
50	B	問屋の破産と委託者の取戻権	最判昭43.7.11	—
51	C	財産分与金と取戻権の成否	最判平2.9.27	—
52	D	保証事業制度下の保証に係る公共工事の前払金と信託	最判平14.1.17	—
53	C	手形上の商事留置権の破産手続開始決定後の留置的効力	最判平10.7.14	71
54	A	商事留置権と民事再生手続	最判平23.12.15	71
55	B	破産により特別先取特権とされる商事留置権と他の担保権との優劣	東京高判平10.11.27	71
56	B	動産売買の先取特権による物上代位と買主の破産	最判昭59.2.2	73
57	C	会社更生手続と譲渡担保権者	最判昭41.4.28	—
58	B	自動車の所有権留保と登録名義	最判平29.12.7	75
59	A	破産財団から放棄された財産を目的とする別除権の放棄の意思表示をする相手方	最決平16.10.1	73
60	B	集合債権譲渡担保の実行としての債権譲渡通知と民事再生法31条の中止命令	大阪高決平21.6.3	77
61	B	販売用不動産に対する担保権消滅の可否	東京高決平21.7.7	107
62	B	ファイナンス・リースと担保権消滅請求手続	大阪地決平13.7.19	109
63	B	別除権協定解除の効力	最判平26.6.5	—
64	A	相殺の可否(1) —— 手続開始後の停止条件成就	最判平17.1.17	81, 154
65	A	相殺の可否(2) —— 危機時期における手形取立金引渡債務の負担	最判昭63.10.18	83
66	A	相殺の可否(3) —— 手形買戻代金債権と「前に生じたる原因」	最判昭40.11.2	83

167

百選番号	ランク	事件名	判例年月日	掲載頁
67	B	相殺の可否(4)——支払停止後の投資信託受益権解約と「前に生じた原因」	最判平26.6.5	—
68	A	相殺の可否(5)——「専ら再生債権をもってする相殺に供する目的」	東京地判平21.11.10	83, 111
69	A	相殺禁止規定に違反した相殺を有効とする合意	最判昭52.12.6	83
70	A	無委託保証人の事後求償権の破産債権該当性と相殺制限	最判平24.5.28	85
71	A	三者間相殺の可否	最判平28.7.8	79
72	B	届出破産債権に対する異議と時効中断効（時効完成猶予効）の帰趨	最判昭57.1.29	87
73	C	上告審係属中における当事者の破産と訴えの変更	最判昭61.4.11	—
74	A	手続開始決定後の不動産転借権の取得と破産法48条	最判昭54.1.25	19
75	A	ファイナンス・リースと会社更生法61条	最判平7.4.14	57
76	B	所有権留保売買における倒産解除特約の効力——会社更生手続	最判昭57.3.30	13, 55
77	A	フルペイアウト方式によるファイナンス・リース契約における倒産解除特約の効力——民事再生手続	最判平20.12.16	57
78	B	双方未履行双務契約の解除と違約金条項	大阪地判平21.1.29, 名古屋高判平23.6.2	—
79	A	請負契約における注文者の破産	最判昭53.6.23	59
80	S	請負人の破産と破産法53条	最判昭62.11.26	53, 59
81	S	預託金会員制ゴルフクラブの会員の破産と破産管財人の解除権	最判平12.2.29, 最判平12.3.9	55
82	B	中断した訴訟手続の受継	最判昭59.5.17	—
83	C	破産手続開始決定により失効する強制執行手続	最決昭30.4.18	23
84	D	免責の合憲性	最大決昭36.12.13	—
85	A	免責不許可事由としての「詐術」および裁量免責	大阪高決平2.6.11, 仙台高決平5.2.9	93
86	A	免責不許可事由としての「浪費」および裁量免責	東京高決平8.2.7, 福岡高決平9.8.22	93
87	C	免責決定に対する即時抗告期間	最決平12.7.26	—
88	A	破産者がクレジットカードを利用して商品を購入した場合と非免責債権	最判平12.1.28	95
89	D	非免責債権該当性を理由とする執行文付与の訴えの許否	最判平26.4.24	—
90	A	破産債権を支払う約定と免責の効力	横浜地判昭63.2.29	95
91	A	免責決定後の詐害行為取消権の行使の可否	最判平9.2.25	95
92	A	再生計画の認可要件(1)——債権者平等原則	東京高決平16.7.23	115
93	S	再生計画の認可要件(2)——不正の方法による決議の成立（通常再生）	最決平20.3.13	117
94	A	再生計画の認可要件(3)——不正な方法による決議の成立（小規模個人再生）	最決平29.12.19	117
95	A	清算価値保障原則（再生計画の認可要件）——債権者の一般の利益	東京高決平15.7.25	117
96	D	給与所得者等再生における可処分所得要件	福岡高決平15.6.12	—
97	A	小規模個人再生における清算価値保障原則	東京高決平22.10.22	—
98	D	更生計画における公正・衡平——親会社の権利	福岡高決昭56.12.21	113
99	D	届出再生債権と同じ条件で弁済する旨の再生計画による未届出再生債権の帰趨	最判平23.3.1	—
100	C	届出なき債権の失権と信義則	最判平21.12.4	—

アガルートアカデミーは，
2015 年 1 月に開校した
オンラインによる講義の配信を中心とする
資格予備校です。

「アガルート（AGAROOT）」には，
資格の取得を目指す受験生の
キャリア，実力，モチベーションが
あがる道（ルート）になり，
出発点・原点（ROOT）になる，
という思いが込められています。

笠井 菜穂子 さん

1回目の受験で平成31年司法試験合格
法科大学院出身

―― 勉強するにあたり，意識したことはありますか？

　　司法試験の勉強にあたっては，今までに蓄積された出題趣旨，採点実感を軸として，求められている基礎的な知識をいかに論理的に簡潔に答案に落とし込めるかを常に意識していました。

―― どのように勉強を進めていましたか？

　　新司法試験だけでも，出題趣旨と採点実感の量は相当なものなので，まずこれらを答案として再現できる程度まで理解し尽くすことが合格への最短ルートだと思います。

　　そのため，ロースクールでの予習復習の際にも，六法とセットで出題趣旨，採点実感を置いておき，学習分野がそれらと重なった時には逐一確認し，司法試験の現場で答案化する際に心がけなくてはならないことを自分なりの形で論証集に書き込んでいました。

　　過去問で出題された分野や，その関連分野は周りの受験生も高い水準で理解しているため，いかにその穴をなくし，難問とされる分野でいかに守りの答案を書けるかが合格の鍵だと思います。難しい学説や高度な議論の学習をする前に，今一度基礎的な理解に問題がないかについて振り返ることが必須だと考えています。

―― 選択科目について教えてください。

　　選択科目は倒産法を選びました。

―― 倒産法はどのように学習されましたか？

　　「倒産法 総合講義」と「倒産法 論証集の『使い方』」を受講しました。

【選択科目　倒産法　総合講義】

　　受験直前3月の模試で絶望的な点数をとってしまい，焦って受講を決めました。とにかく時間がなかったため，じっくり1周聴いた後はとにかく反復しかないと考え，寝る前やお風呂に入っている時も聴き続け，当日までに5周しました。

　　そのおかげもあり，試験会場では講師が繰り返しおっしゃっていたポイント

がするする思い出され，司法試験初日の大切な1科目目を好調にスタートさせることができました。

【選択科目　倒産法　論証集の「使い方」】

　この講義も総合講義と合わせて何周も聴きました。

　倒産法は覚える分量が多い科目と言われますが，単純に暗記しなければならない部分はごくわずかであり，多くは理解をもとに現場で論証することができれば十分に合格可能ということがこの講義で実感できます。

　判例の規範をそのまま論証しなければならないものと，そうではなく理解を固めれば足りるものとを講師はわかりやすく区別して教えてくださるため，直前期で焦る私にはうってつけの講義でした。

笠井 菜穂子（かさい・なおこ）さん　*Profile*

20代（合格時），法科大学院卒業。
1回目の受験で平成31年司法試験合格。

岡田 悠基 さん

2回目の受験で平成31年司法試験合格
法科大学院出身

—— どのように勉強を進めていましたか？

　本格的に司法試験の学習を始めたのは，法科大学院に入ってからだった。

　既修１年目の最初のうちは法科大学院の予習・復習を心がけていたが，予習復習だけで時間がかかるため，途中から最低限の条文と判例を想起するにとどめた。これによって，授業の現場で考える力を養った。他には，短答や短文事例問題を解き，基礎知識の確認やブラッシュアップを行っていた。

　既修２年目は授業のレポートなどに追われていた。前期は予備試験の短答の勉強をした以外は，ほとんど何もできなかった。また，後期も単位を落としたら留年確定のため，期末のためだけの勉強をしていた。予備校講師のブログでAランクとされる過去問ぐらいは解き，解いた部分はアガルートの過去問解析講義を受け，知識確認として論証集の使い方講義を聴いたりしたが，それだけである。

—— 受験期間中では，どのようにモチベーションを維持していましたか？

　卒業後初めての受験では，合格者数維持で，志願者が減少している以上，余裕に合格すると思っていた。実際は，直前期にはあまり勉強ができず，選択科目と短答のブラッシュアップが間に合わなかった結果，足元をすくわれた。もっとも，爆死した科目はなかったため，司法試験の合格自体はそこまでレベルは高くないと実感した。

　結果発表時からは，しばらくショックから勉強が手につかなかったが，10月あたりから，敗因分析と今後の学習計画を立て，同期と自主ゼミを行うなどして，学習意欲を高めた。ゼミ以外では，基本７科目のうち，行政法を除く６科目については，旧司法試験の過去問と現行司法試験の過去問を何回も解いた。直前期も，なるべく過去問の問題と解答を読み，論証集の使い方で知識等の確認を行った。現行司法試験の問題をすべて検討できれば理想的であったが，時間的にも精神的にも難しかった。そのため，重要度の高い過去問を峻別し，重要度の低いと考えられるものについては，問題文を読み，答案構成して解答を読むなどにとどめた。２回目の受験のときも，論証集の使い方で知識の確認は

怠らなかった。

—— 受講された講座と，その講座の良さ，使い方を教えてください。

【論証集の「使い方」】

　基本７科目について，受験生が押さえておくべき論証を短時間で回すのに非常に効果的であった。特に，論証を作る際，あらゆる文献や調査官解説等を参考にして論証集を作成するため，正確性が一定程度担保されており，信頼できる講座となっている。

【過去問解析講座】

　司法試験に合格するためには過去問の研究が必須であるが，過去問を回すのは非常に時間がかかる上，正解がわからない場合があるなど，困難を伴うものである。この講座は短時間で過去問の問題文の検討方法や，解説，模範答案，現実的な答案などを示してくれて，受験生のニーズにマッチしている。

【民法　総合講義100】

　民法の必要十分な知識のインプットに適している講座である。特に講義の動画においては論文試験で重要となる部分とそうでない部分の濃淡があり，自分で一から基本書を読み込むより効率的に学習が可能である。索引や過去の出題歴なども参照できるため，試験対策という面で非常に役に立つ講座である。

—— 選択科目はどのように学習されましたか？

【倒産法３講座パック（総合講義・論証集の「使い方」・過去問解析講座）】

　選択科目は倒産法を選んだ。この倒産法３講座パックは，倒産法について基礎講座から過去問解析講座まで１セットとなっているため，短時間で周回するのに適した講座となっている。特に，過去問で不明な点があった場合に，基礎講座や論証集に立ち返ると，答えが明確にわかったり，過去問と基礎講座の反復でインプットの精度が上がるなど，お得な講座である。

Profile

岡田 悠基（おかだ・はるき）さん

20代（合格時），法科大学院卒業。
２回目の受験で平成31年司法試験合格。

中田　和輝さん

1回目の受験で平成30年予備試験合格
法科大学院出身

—— どのように勉強を進めていましたか？

　勉強の中心は過去問の起案でほぼ毎日1通以上過去問を2時間計って手書きでフルに書きました。個人的にはローの授業などでインプットをしたロー生が全年度の新司過去問をフルで書いたら司法試験の合格ラインは超えると思って上記勉強法を採りました。

—— 勉強をするにあたり，意識したことはありますか？

　過去問は2時間で解く→出題趣旨・採点実感を読む→1000位くらいの答案何通かと1桁の超上位答案を見る（余裕があれば300位くらいも見る）→どうしてもよく分からない論点を1〜2個に絞って基本書に帰って復習→身につけた知識をまとめノートに一元化する，という約4時間のセットでやるようにして回すスピードを重視しました。

　1000位くらいの答案で現実的にここは書けないと受かりそうにないってラインを分析して，1桁答案では上手い書き方やコンパクトな論証を真似しました。また，出題趣旨等に論点の書き方が書いてあるときがあるのでそういうのは真似して次に出たときに同じように書けるようにしました。

—— 他に対策したことがあれば教えてください。

　ロープラ等の定番の演習書で過去問で出ていない論点が出たら怖いなと思って，過去問に出ていない論点について目を通しました（ただ，目を通したからといって論文を書けるようになったかは分からない）。とにかく過去問に出ていない論点が出ても手が止まって何も書けないってのだけは防ごうと思ってやりました。

—— 選択科目はどのように学習されましたか？

【選択科目　倒産法　論証集の「使い方」】

　私は，倒産法論証集を受講しました。講義では倒産法においては条文が大事だという大原則を何度も説明していて論証ばかりを勉強するという沼に受験生が落ち込まないように配慮がされていました。また，論証集は論証について効率よく，かつ，現実的に再現可能な内容で作られていて本番の試験でも論証集

で学習した論証をきれいに書くことができました。論証集のおかげで論証や判例に対する不安が消えて，より大事な条文の理解の勉強に集中できました。

Profile

中田 和輝（なかた・かずき）さん

20代（合格時），法科大学院卒業。
1回目の受験で平成30年予備試験合格。

稲垣 雄哉 さん

2回目の受験で平成31年司法試験合格
法科大学院出身

―― 一日の学習スケジュールを教えてください。

　　朝は7時くらいに学校に着けるように，起きたらすぐ家を出られる体制を作った。

　　具体的には朝ごはん，朝シャワーをやめ，顔を洗って，寝癖直しだけして起きて5分で出られるようにしていた。

　　7時に着いたらカフェイン剤を飲んで12時まで一気に集中してやった。

―― どのように勉強を進めていましたか？

　　毎日8科目と短答を回せるように論文問題を1問やったら次の科目をやるようにし，同じ科目を連続してやらないようにしていた。

―― 勉強をするにあたり，意識したことはありますか？

　　夜は集中力が切れるのでバイトをしてリフレッシュをした。

　　寝る前に携帯をいじらないように大学院のロッカーに携帯を置いて毎回帰っていた。

　　睡眠時間は8時間を切らないように厳守した。

　　家の中ではテレビも排除してラジオだけの生活にした。

―― 他に対策したことがあれば教えてください。

　　基本的に勉強に飽きたら次の科目に移るかすぐ休憩を取るようにした。

　　休憩中は携帯をいじると長時間にわたってしまうので，触らないようにロッカーに封印し，漫画や，小説などを読むようにした。

　　食事は朝飯を抜くようにした。朝食べると頭が回らなくなるので。

　　試験本番でも朝飯を食べないで臨んだ。

　　昼飯は腹八分目に押さえた。

　　アイマスクと耳栓をして，カフェイン剤を飲み30分毎日昼寝をする時間を設けた。

―― 選択科目はどのように学習されましたか？

　　【選択科目　倒産法　総合講義】

倒産法の手続的知識と論文に必要な百選知識がほどよくまとまっていて，試験前に非常に役立ちました。

　とりわけ，倒産法では，民事系の知識が複合的に必要であり，それを先生は丁寧にまとめて，かつ説明をしてくださりとても助かりました。

Profile

稲垣 雄哉（いながき・ゆうや）さん

20代（合格時），法科大学院卒業。
2回目の受験で平成31年司法試験合格。

〈著者紹介〉

谷山　政司（たにやま・まさし）

2003年　中央大学法学部法律学科卒

2010年　中央大学法科大学院既修者コース修了

2011年　（新）司法試験合格。2014年まで伊藤塾にて，予備試験ゼミ・
　　　　司法試験ゼミ（倒産法）・特進ゼミ等を担当

2015年　司法修習修了（68期）。同年12月　弁護士登録，法律事務所
　　　　ASCOPE所属

2016年　アガルート参画　個別指導事業立ち上げ

2017年　現在の「予備試験1年合格カリキュラム　マネージメントオプ
　　　　ション」の前身となる個別指導受講生から，予備試験1年合格者輩出

- 平成23年度に（新）司法試験に合格後，伊藤塾にて主に予備試験ゼミ
  を中心とした受験指導業務を担当。谷山ゼミ及び個別指導受講生の予
  備試験合格者は150名を超える。

- 自身の受験経験だけでなく，答案の徹底的な分析やゼミ生への丁寧な
  カウンセリングの結果確立した論文作成ノウハウをもとに，アウトプ
  ットの仕方はもちろん，インプットの仕方までをも指導するスタイル
  は，ゼミ生の圧倒的支持を受けた。

- また，期をまたいだゼミ生の交流会等を定期的に行うなど，実務に出
  た後のフォローも積極的に行っている。

- Twitter（@taniyan0924）や，自身のYouTubeチャンネルでは，全て
  の予備試験・司法試験受験生に向け，これまでに蓄積してきた受験指
  導ノウハウ等について公開している。

  ▼谷山政司の「T山D式」チャンネル
  https://www.youtube.com/channel/UCjrLPIptc3icm1pMHrWE8vA

〈編者紹介〉

アガルートアカデミー

大人気オンライン資格試験予備校。2015年1月開校。

● 司法試験，行政書士試験，社会保険労務士試験をはじめとする
　法律系難関資格を中心に各種資格試験対策向けの講座を提供し
　ている。受験生の絶大な支持を集める人気講師を多数擁する。
　合格に必要な知識だけを盛り込んだフルカラーのオリジナルテ
　キストとわかりやすく記憶に残りやすいよう計算された講義で，
　受講生を最短合格へ導く。

● 近時は，「オンライン学習×個別指導」で予備試験・司法試験の
　短期学習合格者を続々と輩出する。

アガルートの司法試験・予備試験
総合講義1問1答　倒産法

2020年12月15日　初版第1刷発行
2022年9月20日　初版第2刷発行

編　者　アガルートアカデミー
著　者　谷山　政司
発行者　アガルート・パブリッシング
〒162-0814　東京都新宿区新小川町5-5　サンケンビル4階
e-mail：customer@agaroot.jp
ウェブサイト：https://www.agaroot.jp/

発売　サンクチュアリ出版
〒113-0023　東京都文京区向丘2-14-9
電話：03-5834-2507　FAX：03-5834-2508

印刷・製本　シナノ書籍印刷株式会社

すべては受験生の最短合格のために